Quand le murmure devient cri

Du même auteur

Plus fort que la haine, Presses de la Renaissance, 1999.
Tagueurs d'espérance, Presses de la Renaissance, 2002.

TIM GUÉNARD

Quand le murmure devient cri

PRESSES
DE LA
RENAISSANCE

Ouvrage réalisé
sous la direction éditoriale d'Alain Noël

Si vous souhaitez être tenu(e)
au courant de nos publications,
envoyez vos nom et adresse, en citant ce livre,
aux Éditions des Presses de la Renaissance,
12, avenue d'Italie, 75013 Paris.
Et, pour le Canada,
à Interforum Canada inc.,
1055, bd René-Lévesque Est,
11ᵉ étage, bureau 1100,
H2L 4S5 Montréal, Québec.

Consultez notre site Internet :
www.presses-renaissance.fr

ISBN 2.7509.0169.3

Préface

Mon cher Tim,

Ma venue dans l'édition fut le fruit du hasard. Hasard d'autant plus heureux qu'il est pour moi la définition même du « chemin que Dieu prend quand il veut passer inaperçu ».

Mon enfance fut tout le contraire de la tienne : heureuse. Des parents aimants, ce qui m'offrit le luxe de les rejeter car ils avaient tout donné. Le désir de suivre mon propre chemin, pour découvrir bien des années plus tard que tout ce qu'ils m'avaient appris était essentiel.

Lorsque j'ai entendu parler de toi, je n'ai eu de cesse que de publier ton histoire.

Si ma vie s'arrêtait maintenant, j'aurais le sentiment d'avoir accompli la tâche pour laquelle j'avais été placé là, par celui que tu appelles le « Big Boss » : te publier !

J'ai fait ce que je pouvais pour que ton murmure devienne cri.

Je dois reconnaître qu'à certains moments j'ai eu peur que ce cri, qui retentissait tant dans les cœurs de ceux que tu rencontrais, te tourne la tête ou te rende sourd. Peur qu'il redevienne murmure puis silence. Les années passant, cette crainte s'est estompée comme la brume du matin sous les rayons du soleil. Ce « soleil de justice », porteur de guérison dans ses rayons, je le vois briller dans tes yeux quand je te regarde, lors de nos trop brèves rencontres. Grâce à ce livre, je vois que ce soleil resplendit aussi dans les yeux de ceux que tu as croisés. Je comprends mieux tout ce que t'ont apporté ces hommes et femmes rencontrés aux quatre coins du monde. Je comprends mieux d'où vient cette force tranquille qui émane de toi, et qui est bien plus qu'un slogan pour homme politique en quête de pouvoir. La force des faibles t'a envahi, investi, ainsi que tous ceux qui savent accueillir ce qui vient des autres, du Tout Autre.

Le jour ultime où je rencontrerai le Big Boss, s'il me demande : « Qu'as-tu fait de bien sur terre ? », je lui répondrai sans hésiter : « J'ai publié Tim Guénard. » Tous ceux qui seront déjà près de Lui et qui auront eu la chance de croiser ta route dans leur vallée de larmes dresseront l'oreille. Je suis sûr que je verrai poindre des larmes dans les yeux du Boss avant qu'Il me dise : « Entre dans mon repos. »

Merci pour tout, merci pour tous.
Ton ami éditeur,

ALain

Il y a toutes sortes de murmures, celui qui naît de la haine, de la vie défoncée, de l'injustice ou de l'indifférence, de la blessure cachée, celui de l'abandon… Mais il n'y a qu'un cri, qu'une espérance et qu'un amour où tous ces murmures se rassemblent.

L'album photos

Quand je rentre à la maison, après un tour en France ou ailleurs, parfois très loin, j'ai besoin de temps pour installer les belles rencontres que j'ai faites avant de pouvoir en parler.

Je suis un peu comme un appareil photo. Dans l'instant de la découverte, je grave les visages, les intonations, les regards dans mon cœur. De retour, il me faut les développer. Ce n'est qu'après, en regardant ces « photos » dans un autre contexte, que ce que j'ai vécu me revient en mémoire.

Et, comme on le fait pour les photos, je classe ces images et les range dans un album que je dépose dans mon cœur. Lorsqu'un ami passe, je l'ouvre en sa compagnie, je lui montre, je lui commente tous ces souvenirs. Et ils reprennent vie. Sous le regard de mon ami, je découvre des choses que j'avais négligées.

Mon album photo devient un trésor inépuisable. Une invitation à la méditation.

Aujourd'hui, mon cœur est rempli d'albums qui me tiennent chaud. Tous ces visages, toutes ces rencontres créent en moi une grande circulation de vie et me confirment dans mon sentiment. Quand je pars sur les routes pour donner mon témoignage, c'est moi qui reviens la hotte chargée de cadeaux.

On dit souvent que le bien ne fait pas de bruit.

Dans ce livre, je voudrais crier que l'extraordinaire est souvent tout près de nous. L'extraordinaire prend naissance dans l'ordinaire de chaque effort caché des personnes que je rencontre.

Les personnes dont je parle, je les ai rencontrées dans le hasard de la vie, sans présentation organisée, lors de témoignages, au cours de voyages, dans mon village, dans mon imprévu quotidien…

Ce que j'ai reçu d'elles, j'ai envie de ne pas le garder pour moi. Car j'ai beaucoup reçu. Si l'homme tordu que je suis devient, peu à peu, un peu meilleur, c'est parce qu'il est transfusé par le bien des autres.

S'imbiber des beaux gestes des autres, c'est une façon d'avoir des réponses ou des apaisements par rapport à nos blessures, visibles ou cachées.

Au point d'avoir l'envie et l'espérance de croire à un devenir meilleur. Bien des personnes, sans le savoir, sont des transfuseurs de vie. En allant vers les autres, on va vers soi, on apprend à accepter d'être soi.

La grâce n'est pas constipée

Je me trouve à Riga, capitale de la Lettonie. Je fais face à quatre ou cinq mille jeunes dans un théâtre de verdure, pour une conférence. Je me sens minuscule sur mon estrade devant tous ces gradins bondés qui montent jusqu'au ciel. Je viens témoigner qu'il n'y a pas de fatalité. Mais, devant tant de gens qui se sont dérangés spécialement pour moi, je suis impressionné. Malgré tout je me mets à parler. Mon thème : notre vie est un livre. La première page, celle de notre naissance, on la reçoit. Toutes les autres, c'est nous qui les écrivons.

Tout autour, à cause de la foule, les autorités ont installé un cordon policier. Pendant que je parle, un gars passe en voiture. Ce rassemblement l'intrigue. Il ralentit, il regarde et il me voit. Surpris, il s'arrête et fronce les sourcils. « Mais c'est le frère d'Oleg ! » Oleg, c'est son meilleur ami. « Qu'est-ce qu'il fait là ? » La curiosité piquée à vif, il se gare pour venir écouter. Là, deuxième choc quand il réalise que je parle français. Les questions se bousculent dans sa tête. Alors il reste pour essayer de comprendre. Il me prend toujours pour le frère de son ami. Et il écoute. Pendant une heure et demie, jusqu'au bout ! Il écoute et il est retourné. Ce qu'il entend, c'est la réponse à ses questions.

À la fin, il vient me voir. Bien sûr, entre-temps on lui a expliqué qui je suis et que je ne suis pas le frère de son ami. Quand je lui serre la main, je le regarde. La trentaine sonnée, bien sapé, il a du pognon. Il fait partie de ceux qui ont réussi. Je ne sais pas trop ce qu'il me veut. Beaucoup de gens se pressent pour me glisser un mot, mais il veut absolument m'inviter à manger. Je ne sais pas pourquoi, j'accepte son invitation. Dans sa voiture de sport dernier cri, il me conduit vers un restaurant japonais. À Riga, c'est le luxe. Pour moi aussi d'ailleurs. C'est même la première fois que je mets les pieds dans un resto japonais.

À table, au milieu des sushis, il commence à parler avec son cœur.

« J'appartiens à la mafia, me dit-il. Je suis un boss local. Je fais du business avec l'Allemagne, la Russie, la Pologne. J'ai tout ce que je veux : l'argent, le pouvoir. Mais depuis quelque temps, je sentais que quelque chose n'allait pas. Un vide bouffait ma vie. Toujours courir après l'argent, faire des magouilles et puis… les femmes. J'ai une famille, tu sais, une femme et des enfants que j'aime. Et ça, ça n'allait vraiment pas. Mais je ne savais pas pourquoi. En t'écoutant, j'ai compris que celui que tu appelles le Big Boss m'attendait pour que je change de vie. Seulement voilà, je ne sais pas comment m'y prendre. »

Arcadie, le caïd, qui a tout, veut tout abandonner pour partir sur les routes. C'est beau, mais irréaliste. Il aime sa femme, ses enfants. En agissant trop brutalement, il risque de les perdre.

Alors, je lui parle doucement.

« Si ton changement est trop violent, ta femme ne te reconnaîtra pas. Elle t'aime, je n'en doute pas, et elle ne cessera pas de t'aimer. Mais celui qu'elle aime, c'est l'homme ancien, le nouveau, elle ne le connaît pas et elle finira par le rejeter. C'est comme les gens victimes d'un traumatisme crânien. Du jour au lendemain, ils ne sont plus les mêmes. Combien j'ai vu de couples qui s'aimaient finir par se séparer ! Au début, cela m'a choqué. J'ai trouvé cette décision profondément injuste. Pourquoi un si bel amour finissait-il ainsi ? J'ai cherché à comprendre et j'ai réalisé que, dans l'affaire, on avait oublié le conjoint valide. On s'occupait beaucoup du malade, mais le conjoint ? Personne pour l'accompagner, le soutenir. »

L'image du traumatisme le touche, je crois. Je continue :

« Ta femme, tu l'as habituée à mener un grand train de vie, à te voir conquérant. Si tu changes, attends-toi à des difficultés financières et à des angoisses. Oui, des angoisses. Dans le monde des truands, on ne connaît pas l'angoisse, c'est un phénomène spirituel. On s'étourdit, on s'abasourdit pour ne pas être dépassé par son passé, on ne se pose pas de questions, on agit, un point c'est tout. Mais quand on ralentit et qu'on s'arrête, dès qu'on prend le temps de s'interroger, alors l'angoisse s'installe. C'est pourquoi je te conseille d'y aller doucement. Transforme ta vie petit à petit. Habitue les tiens, apprivoise-les à ton changement. »

Il me parle alors de la foi. Sa femme qui, me dit-il, a beaucoup souffert, est violemment contre. Que faire ? Être délicat, c'est ma réponse. « Ne pas la perturber. Ne pas chercher à la convaincre mais agir de telle sorte que ta nouvelle vie l'étonne et la pousse à se poser des questions.

La conversion ne se résume pas à un moment, c'est toute une vie d'effort. Quant au fait que ta femme soit non croyante, ce n'est pas un problème, bien au contraire. » Il ne faut pas limiter son entourage aux seuls croyants, s'installer confortablement sur son autoroute. Côtoyer des athées, c'est accepter d'être chahuté. Parce que les athées posent des questions auxquelles on n'a pas de réponse. Grâce à eux, on sort de ses évidences et on continue de chercher. Si on reste entre croyants, on finit comme les chats sous la caresse : on ronronne.

En le quittant, je pense à ce destin qui vient de se retourner d'un coup. Je sais que je n'y suis pour rien. En m'écoutant, Arcadie a trouvé ses propres réponses. Je sais aussi qu'il ne fait que commencer. Il a fait le premier pas. Le plus dur est à venir. Puis je pense à sa femme. Les athées, je les aime bien, d'abord parce qu'ils ne disent pas de mal de Dieu puisqu'ils ne le connaissent pas ! Mais surtout parce qu'ils sont, pour moi, une interrogation. Comment peut-on, aujourd'hui, vivre et faire comme si la dimension spirituelle de l'être humain n'existait pas ? Alors, je les regarde comme des cadeaux. Ils ont en eux une espèce de virginité extraordinaire, et j'essaie d'avoir envers eux encore plus de délicatesse. J'aurais peur de les abîmer. Mais cette épouse, sans doute aimante, n'appartient pas à cette catégorie. Mes visites dans les pays de l'Est m'ont fait découvrir une autre forme d'athéisme, fabriquée celle-là. Quand je rencontre un athée comme cela, j'ai l'impression qu'on lui a bouché un conduit, comme si un de ses organes s'était atrophié. Déboucher le conduit, c'est du gros œuvre, et faire marcher à nouveau l'organe, c'est beaucoup d'attention.

À perpétuité

Quand je vais en prison, souvent des détenus me demandent pourquoi je viens les voir. Je leur dis : « Je viens tout simplement vous rendre visite car, pour moi, vous êtes importants. Moi-même, j'ai été enfermé dans la cave, à l'hôpital, en maison de correction... sans jamais recevoir de visites. Même enfermés vous êtes importants, même si jamais personne ne vous demande au parloir. » D'ailleurs, dans les prisons, mon regard ne se porte pas seulement sur les détenus. J'y vais aussi pour ceux qui les entourent, les matons, les directeurs. Parce que là, c'est comme pour mon ami le « caïd », on oublie trop souvent l'entourage.

Avec mon premier livre, les portes se sont ouvertes plus facilement. D'abord en France puis à l'étranger. Du coup, j'ai connu les prisons de Lituanie, de Lettonie, de Slovénie et même de Russie. Ça, généralement, ça épate ceux qui connaissent le régime des prisons russes.

« Comment, là-bas aussi ils te laissent rentrer ?

— Eh bien, oui ! Là-bas comme ici, ils ont besoin qu'on les considère.

— Mais la langue, les habitudes, toute cette histoire si différente… Comment peux-tu te faire comprendre ?

— L'amour, c'est comme la violence, c'est international. Un coup de boule, qu'on soit en Russie ou en France, c'est la même chose et ça fait le même effet. Un joli regard, c'est pareil. »

Aujourd'hui, je vais à la prison de Vilnius. Comme toujours, avant d'entrer, j'ai la trouille. Je suis accompagné par l'un de mes grands amis, le frère Elias : prêtre hollandais, boxeur et aumônier des prisons. Il m'a fait un topo sur ces prisons des pays de l'Est. C'est un peu différent de ce qui se passe en France. Il y a des classes, des degrés. Quand on est taulard et qu'on passe la porte, on rentre immédiatement dans l'une ou l'autre de ces classes. Au sommet, pavanent les « intouchables », c'est comme cela qu'on les appelle. Tout le monde s'écarte sur leur passage. On les respecte. Ce sont les favorisés. Tout en bas, il y a ceux qui n'existent pas, qui n'ont même plus de nom. Inutile de dire ce qu'on en fait.

Comme je suis étranger, la salle est pleine. Même ceux qui ne viennent pas habituellement aux rencontres avec le frère Elias sont là. Je suis l'attraction du jour. Frère Elias me fait remarquer un gars. « Lui, il ne vient jamais d'ordinaire. Il est hermétique à la foi. Mais je connais son histoire. Il s'appelle Dimitri, moitié russe, moitié lituanien comme beaucoup. C'était un intouchable. Un type très dangereux. Un tueur de la mafia. On ne sait pas exactement combien de personnes il a refroidies. Il est condamné à perpétuité. »

Je suis intrigué.

« Il était intouchable ! Il ne l'est plus ? »

Frère Elias reprend :

« Dans cette prison, il y avait un pauvre gars, un handicapé. Il hurlait le jour et la nuit. Il ne pouvait rien faire seul, pas même aller aux toilettes, alors il se pissait dessus et tout le reste. Du coup, il puait et tout le monde le rejetait. Celui-là, c'était un sans nom. Puis un jour, Dimitri, qui ne se mélangeait avec personne, qui ne parlait même pas aux autres prisonniers, l'a fait venir dans sa cellule. Il a pris le paria avec ses cris et ses douleurs, il l'a écouté, il a pris soin de lui, l'a aidé à aller aux toilettes, à se laver. »

Voilà, c'est le tueur, celui qui a vécu environné par la mort depuis son enfance, celui dont on pouvait croire que le cœur était un grand trou vide, qui a pris soin de l'exclu, du misérable, de celui dont plus personne ne voulait. Mais ce qui m'a le plus impressionné, c'est qu'en agissant ainsi il perdait son statut d'intouchable, il se rétrogradait. Il devenait un prisonnier quelconque avec toute la dureté et tous les risques que cela comporte. Or, il était condamné à perpétuité ! Ce choix courageux, il l'avait fait à vie !

C'est pour moi une immense leçon. Celui que j'appellerais volontiers un « passeur d'humanité » a fait un véritable don, un don qui coûte. Si on ne donne pas quelque chose à quoi l'on tient, on ne donne rien, on se débarrasse. Pire, on transforme celui qui reçoit en une poubelle, un dépotoir. Quand on se dit : « Tiens, plutôt que de jeter ces vêtements, je vais les donner aux pauvres », réalise-t-on ce que l'on fait ? On donne ce qui n'a aucune valeur, ce qui était tellement pourri qu'on allait le foutre à la décharge ! Si l'on veut vraiment donner des vêtements, que l'on donne ceux que l'on aime, ceux que l'on porte. Ce sera alors un vrai don du cœur. Un don qui grandit celui qui le reçoit au lieu de l'abaisser. C'est comme cela qu'avait agi Dimitri. En acceptant de perdre son statut, de s'incliner vers le pauvre type que tous méprisaient, il l'avait élevé, il lui avait rendu sa dignité et son humanité. Et il ne l'a pas fait une fois, en passant. Il l'a fait pour la vie. Cela aussi est important. C'est très beau de porter secours à quelqu'un. Mais après ? Si on part, si on l'abandonne, si on l'oublie, ce geste n'aura été qu'une B.A. On n'aura pas agi pour l'autre mais pour soi. En l'aidant, on se sera fait plaisir, voilà tout. Quand on touche à l'humain, on sait où ça commence, on ne sait pas où ça s'arrête.

Après mon intervention, je suis allé parler à Dimitri. C'est vrai qu'il avait quelque chose. Pas très grand, mais costaud. Les épaules légèrement en avant de ceux qui, quand ils vous saisissent, vous serrent comme dans un étau. Une sorte d'électricité se dégageait de lui qui continuait d'intimider les autres prisonniers. Il n'avait pas la foi mais il avait une véritable écoute. Nous avons parlé puis, au moment de mon départ, il m'a demandé de venir dans sa cellule. Pourquoi ? Pour qu'on nous prenne en photo ensemble !

En arrivant dans cette prison, je ne m'attendais pas à une telle rencontre, j'avais le pas lourd. En partant, j'avais aussi le pas lourd, mais pour d'autres raisons. L'humanité peut prendre naissance n'importe où. J'ignore ce qui s'est passé dans la vie de Dimitri pour que son murmure se transforme en cri, mais j'étais fier de l'avoir rencontré. Songeur aussi : pourquoi lui a-t-il fallu être enfermé à vie pour découvrir enfin le sens de la vie ?

L'ami qui m'est cher

L'amitié profonde est comme un immense écho. On l'écoute, on l'entend se répercuter sans fin et on sait que l'on n'est pas seul. Parfois, elle opère comme une thérapie. Parce que l'ami véritable croit plus en nous que nous-même, il sait nous écouter. Il accepte que l'on soit moins bien aujourd'hui qu'hier. Il le fait parce qu'il sait comment nous étions dans nos beaux jours. Il le fait parce qu'il attend de nous retrouver demain, ou plus tard encore. En ce sens, l'amitié, c'est un cri continu, un cri qui s'est fait chant.

Je devais avoir vingt ans. J'étais à l'Arche, dans l'Oise, où j'aidais à construire des chambres. Tout frais converti, j'essayais de rebâtir ma vie, de faire quelque chose dans le regard du Big Boss. Mais on ne change pas du jour au lendemain. Et, pendant que mes nouveaux amis s'adonnaient à leurs dévotions spirituelles, moi, ce soir-là, j'étais entouré de lolettes aux petits soins. C'est comme cela que j'ai rencontré Marek.

Quand il m'a vu pour la première fois, à l'Arche où un camarade l'avait conduit, il s'est demandé pourquoi j'étais là, et il a voulu savoir. Il arrivait tout droit de Pologne. Il ne parlait pas français. Je ne parlais pas polonais. Mais, tout de suite, ça a accroché entre nous.

On a commencé à échanger et on a continué toute la nuit. La barrière de la langue ? Pas de problème. On a trouvé des combines : des gestes, des dessins, des mimiques, ou même simplement l'intonation, le chant des mots. C'est tellement important le chant d'une phrase ! Ça en dit autant que son sens ! Cette gymnastique nous a même rapprochés, à cause des efforts d'attention que nous devions fournir.

Au matin, je connaissais toute son histoire et j'en étais impressionné. Marek venait de s'évader de Pologne. Mais il ne l'avait pas fait pour des raisons politiques ou de survie, comme la plupart. Non. Lui, il avait risqué sa vie par amour. Celle qu'il aimait, celle dont il ne pouvait se passer vivait en France. Seulement, des frontières, un mur avec des chiens et des gardes-chiourmes l'en séparaient.

Alors il avait décidé de tout plaquer, de risquer la taule ou pire pour la retrouver. Et pendant plusieurs mois, il a préparé son évasion avec l'aide d'un ami sans que ses parents soient au courant.

Une nuit, sans rien dire à personne, il a pris le train qui franchit les frontières. Pour se hisser dans le faux plafond du compartiment, il a dû se déshabiller car ses vêtements l'empêchaient de passer. Il faisait froid, c'était en février. Après le départ, il a aperçu un petit trou quand des voyageurs se sont mis à fumer. Il pouvait donc fumer mais ni tousser ni bouger. Mais il y a une seule chose à laquelle il n'avait pas pensé : le besoin de « pisser ». Une seule solution : se servir de ses habits mis en boule sous son corps. Une chaleur qu'il n'avait pas prévue mais qui lui a permis de se réchauffer…

Quand le train est arrivé à Berlin, il a fait halte. C'était le moment de vérité. C'est là qu'il passait le mur. Si on ne le prenait pas, c'était gagné. Mais les douaniers est-allemands le savaient aussi bien que lui. Et ils connaissaient tous les trucs des clandestins. Ils savaient où fouiller, notamment dans les faux plafonds. Heureusement, Marek l'avait prévu. Sur la trappe qui donne accès au plafond, il avait amassé toute la poussière qu'il avait pu trouver. Quand les douaniers sont arrivés dans son compartiment avec leurs torches et leurs barres de fer pointues, ils ont poussé la trappe sans se méfier. Vlan ! Il ont tout pris sur la tronche. Ils ont crié, ils ont éternué, ils ont craché. Le compartiment était envahi par la poussière. Du coup, ils ont refermé la trappe avec colère et ont battu en retraite pour échapper à la suffocation. Ils n'ont pas vu Marek.

Le train est reparti doucement. Il a passé le mur et a pris peu à peu de la vitesse. Voilà, Marek était en route vers la France ! Vers sa fiancée, et aussi vers notre amitié.

Chaque ami est si différent que l'on n'a pas envie de le changer. Le rencontrer, c'est comme partir à l'aventure pour un nouveau pays. Avec Marek, c'est vraiment un pays nouveau que j'ai découvert, tout un horizon même : l'univers de l'Est, que j'allais apprendre à connaître et à aimer de plus en plus. Marek, c'était aussi la différence. De taille moyenne, vif comme l'éclair, le regard net qui ne se débine pas, il venait d'une bonne famille tandis que je sortais de la rue. C'est vrai aussi que nous avions des points communs : j'étais un combattant, lui était champion de judo dans son pays avant de passer la frontière et, comme moi, il était casse-cou, aventurier. Mais, quand même, quand je le regardais, je me disais qu'entre nous, c'était le jour et la nuit. Lui, c'était du costaud, du solide, rien ne l'abattrait. Il savait ce qu'il voulait et il l'obtenait. Mais en plus, le Big Boss lui avait fait grâce d'un don tout spécial : l'amour, le grand et le vrai Amour.

Seulement voilà, la vie est retorse. Même le plus costaud peut se prendre un train dans la gueule. L'existence que Marek avait construite à la force de ses bras a basculé du jour au lendemain. Des problèmes dans son couple, une amitié d'enfance trahie et mon copain disparaît sans un mot.

Pendant plusieurs années, je reste sans nouvelles. Je suis désemparé. Marek, mon ami, est parti sans rien me dire ! Je ne sais pas si j'aurais pu quelque chose pour lui, mais j'aurais tellement aimé le voir. On avait tant partagé ! Je suis triste. Je pense toujours à lui.

Puis un jour, je ne m'y attends pas, je reçois un coup de fil. C'est Marek ! Il est à Lourdes ! Je me précipite. Quand je le vois, j'ai un choc. C'est à peine si je le reconnais. Il a maigri, il est marqué. Accompagné d'un berger allemand noir, il a l'air perdu sur la place de l'église. Moi qui avais tout un tas de choses à lui dire, je reste sans voix. C'est souvent ainsi face à la souffrance. On n'a rien à dire. Surtout pas prétendre qu'on va aider celui qui souffre. Devant la souffrance, on ne peut qu'être présent. Alors je fais la seule chose que j'ai à faire : je le prends dans mes bras et je l'amène chez moi.

Marek a vécu une période sombre et agitée après son départ de France. En Afrique, où il s'est retrouvé, il est devenu mercenaire. Il a baroudé un peu partout, à faire le coup de main, à former les unités d'intervention. Il a même remplacé un colonel tué à coups de machette, puis il a tout perdu.

La chienne qu'il a ramenée est tout ce qui lui reste. Mais il lui est attaché. À plusieurs reprises elle lui a sauvé la vie.

Marek passe plusieurs mois à la maison, mais il pense toujours à repartir. Il me parle d'Afrique du Sud, de Canada. Alors, je le raisonne : « Tu as eu du mal à avoir la nationalité française. Là-bas, il faudra tout recommencer et tu seras un étranger. »

Marek, ce jour-là m'écoute. Il reste. Il se refait une santé, il reconstruit son cœur et son corps. Et la chienne lui permet de rebondir. Grâce à elle, il rencontre la femme qui va devenir son épouse, et trouve le travail qui va le nourrir et lui permettre de fonder une famille.

L'amitié, c'est ainsi. On n'a pas besoin de s'expliquer. Parfois elle passe par la simple présence, parfois par des confidences inattendues.

Quand j'ai demandé à Marek : « Est-ce que la foi est importante dans ton histoire ? », il m'a répondu dans un cri du cœur : « Tu sais, dans le plafond du train, quand j'avais froid et peur, j'avais la médaille de la vierge entre les dents ! »

Son intonation n'était pas du bla-bla.

Connaissant mon ami et sachant combien il était pudique et réservé sur ces questions, j'ai reçu sa réponse comme un véritable cadeau qui m'a réchauffé le cœur.

Cela me rappelle une autre histoire. Jésus avait un ami, Lazare. Entre eux, ce devait être comme entre Marek et moi. Un jour Lazare tombe malade. On prévient son pote Jésus qui décide d'aller le voir. Sa bande l'avertit : « N'y va pas, ça craint pour toi, tu sais qu'ils veulent ta peau. » Rien ne l'arrête pour aller retrouver son ami. Quand il arrive, quatre jours après, c'est trop tard, et tout le monde lui tombe dessus : « Tu aurais pu arriver plus tôt ! Il ne serait pas mort… » Jésus demande qu'on le conduise auprès de Lazare. Devant son ami mort, il pleure, puis il le fait sortir de chez les morts pour le rendre à la vie.

Quelle puissance de l'amour !

Tombé par amour

À nouveau, je me retrouve devant une prison. Cette fois, c'est dans le sud de la France.

Je passe les portes et j'accomplis le rituel habituel, très important pour marquer le premier contact, la manière dont on s'aborde : je me présente à chacun, et à chacun je demande son prénom. Parfois, quand le prénom est trop commun, j'insiste et le gars finit par me donner son surnom ou bien c'est un de ses copains de galère qui me l'apprend. Chacun est unique et c'est par là qu'on doit commencer, en reconnaissant cette unicité.

Dans la grande pièce, les prisonniers sont nombreux. Il y en a de tous les étages, tous les secteurs de la prison, pour une fois mélangés. Petits délinquants avec parrains de la pègre. Enfin, ceux qui ont voulu venir.

Au cours de la conférence, je remarque un homme assez âgé. Les gars qui l'entourent sont tendus. Je les sens prêts à intervenir comme s'ils étaient ses gardes du corps. Don Mario, c'est quelqu'un d'important, une pointure sans doute. Les pointures aussi viennent écouter. Ils te font sentir qu'ils sont des pointures, mais dans le fond, ils sont des hommes comme tous les autres.

À ce moment-là, j'ignore pourquoi, en le regardant, je lui dis :

« Tu es peut-être un dur, mais le dur c'est comme le caramel. On le mâche et il devient mou ! »

Puis, de but en blanc, je lui pose une question :

« Est-ce que tu es papa ou grand-père ? As-tu jamais dit à ton fils que tu l'aimais, à voix haute, que tu étais fier de lui ? Pour dire du mal, on a une grande gueule. Pour dire qu'on aime, on s'écrase. On se dit : "Il le sait bien que je l'aime." »

Don Mario m'écoute sans broncher. Alors je continue :

« L'amour c'est comme le courrier, il faut répondre pour que ça marche. Il faut dire : "J'ai bien reçu votre lettre." Parfois, des personnes délicates continuent d'écrire malgré l'absence de réponse. Mais un jour ou l'autre, elles aussi vont arrêter. Pourquoi ? Tout simplement parce qu'elles ne savent pas qu'on reçoit leur courrier, ou parce qu'elles ne savent pas si leur courrier fait plaisir. Le beau a besoin d'être reconnu. »

Quand le moment du départ arrive, je prends congé des détenus. L'un après l'autre, ils viennent me saluer.

C'est le tour d'un jeune homme. Il a l'air ému. Au lieu de me saluer simplement, il se penche vers moi et me murmure en hâte à l'oreille : « Merci ».

Puis il ajoute : « Il a fallu que je vienne ici pour entendre cela ! »

À ce moment, un gardien le pousse et lui dit d'avancer. Forcé de partir, il me donne un baiser sur l'oreille et se redresse. Là, nos regards se croisent. C'est idiot, mais il y a des moments dans la vie où les rencontres sont parasitées trop rapidement.

Le jeune homme s'éloigne sans que je puisse rien faire.

Lorsque vient le tour de Don Mario, il est encadré par trois types. Il s'avance avec ses molosses. Je ne sais pas à quoi m'attendre. Il s'arrête et me lance : « Je suis venu te dire merci et au revoir. »

Ensuite, il se penche vers moi et, m'embrassant la joue, dans un basculement de tête, il murmure sur le ton de la confidence : « Toi, je ne t'oublierai jamais. Tu es là. »

Sa main me désigne son cœur. En partant il se retourne et ajoute :

« Continue de nous rendre visite, Tim. »

Nous nous quittons comme sur un quai de gare avant un grand départ.

En sortant de la prison je suis un peu secoué par ces deux rencontres. Ce n'est que quelques jours plus tard que je comprends le cadeau que j'ai reçu ce jour-là.

C'est une lettre du garçon qui avait chuchoté à mon oreille. Il m'écrit :

« Tim, cela faisait douze ans que je ne voyais plus mon père. Quand j'ai appris qu'il était là, dans cette prison, j'ai attendu le jour de mes dix-huit ans pour faire une connerie, être coincé et être enfermé avec lui. Mais les choses ne se sont pas passées comme je l'imaginais. Nous n'étions pas dans le même secteur. C'est grâce à votre conférence qu'on a pu être réunis. Ce n'est pas pour vous que je suis venu, ce jour-là. Mais quand vous m'avez serré la main et que vous avez retenu mon prénom et celui de mon père, quelque chose a chaviré en moi. À la façon que vous aviez de parler de vos enfants, de votre femme, vous m'avez donné une certitude : moi aussi, en sortant, je péterai grand dans mes ambitions. Vous avez dit que les personnes pétaient grand dans les rêves : être riche, avoir de belles bagnoles, de belles fringues ou des chaussures de marque. Vous avez dit : "J'ai voulu péter comme les rois et les princes, avoir une femme et des enfants entiers." Que vous étiez un "demi" et que vous rêviez d'avoir des enfants entiers. Moi aussi, Tim, je suis un "demi". Cela a résonné en moi. Je veux péter grand dans mes rêves. Comme quand vous avez été à genoux dans votre cœur lorsqu'un de vos enfants vous a dit "mon papa" ou quand vous avez demandé au Big Boss de ne jamais vous habituer à votre famille et à vos amis. Vous savez, il a fallu que j'aille en prison pour pouvoir voir mon père que je ne voyais pas et, l'autre matin, après votre rencontre, on s'est croisé et il m'a embrassé pour la première fois. Il m'a dit des mots que je vais à tout jamais garder. Un jour, Tim, je vous inviterai dans ma famille. Merci de nous avoir visités. »

C'était le fils de Don Mario !

Jamais je n'aurais imaginé qu'un fils puisse choisir de tomber volontairement en prison par amour pour son père.

L'amour est quelque chose d'incompréhensible. C'est quelque chose de fêlé qui bouscule toutes les règles. On dit que l'homme a été créé à l'image du Big Boss. Le plus souvent, on pense que cette « image », c'est la tête, l'intelligence. Mais l'intelligence cherche à comprendre, à expliquer. Elle s'arrête sur un moment, une tranche de l'existence. Seulement, bien souvent, les réponses et les explications ne suffisent pas. Du coup, les pourquoi reviennent comme un disque rayé. Si on ne se décide pas à passer à la chanson suivante, le morceau revient jusqu'à ce que, excédé, on jette le disque. Si nous voulons à tout prix tout comprendre avec notre tête, elle devient malade. Nous voulons être heureux, nous voulons être en marche, mais nous nous appauvrissons, nous devenons ennuyeux et pénibles à force de nous répéter. Le danger des blessures intérieures, c'est de nous couper de l'avenir, de nous enliser dans notre passé.

Ce saut dans l'avenir, ce mouvement pour aller plus loin, ce n'est pas la tête qui peut nous le donner, c'est le cœur. L'homme est fait à l'image

38

du Big Boss parce qu'il est capable d'un amour insensé.

Fils et père que vous êtes, je vous garde à tout jamais au plus profond de mon cœur comme des jolis trésors. Vous êtes les engrais de ma foi.

Contre vents et marées

Jean-Jacques, dit Cheyenne, fait partie des cadeaux imprévus que la vie m'a offerts. Il est devenu un frère, au sens fort du terme.

Jean-Jacques a eu une enfance de galère avec un père alcoolique qui dépensait tout son argent pour boire. Dans sa famille, douze enfants ! Heureusement, une bonne maman pour les protéger, mais soumise à une vie impossible, une existence qui ressemble au rallye Paris-Dakar, tout entière vouée à la recherche du moindre sou pour nourrir ses gosses.

C'est comme cela que Cheyenne grandit. Dans une atmosphère de beuverie, et dans la violence des coups, au point qu'à ses neuf ans son père le laisse sur le carreau, avec quatre jours de coma. À treize ans, il doit arrêter l'école et travailler pour ramener de l'argent à sa mère qui s'empresse d'aller à l'épicerie acheter des provisions. Enfin, quand elle le peut ! Car le père est toujours à l'affût pour kidnapper les sous. Cela le met dans des colères démesurées. Jean-Jacques donne tout ce qu'il gagne. Il n'a même pas d'argent de poche pour sortir avec ses copains. Et, au lieu de profiter à sa mère, ce qu'il rapporte en trimant passe dans l'alcool de son père !

C'est comme cela qu'il devient apprenti braqueur. Petits larcins pour commencer. Comme il a le sang chaud, il passe rapidement à la vitesse supérieure. Braquages de banque. Mais pour son troisième braquage, ça part en vrille. Il se fait coincer et en prend pour dix ans. Dix ans de placard ! Il sort au bout de sept ans.

Mais comme il n'a plus de famille pour l'accueillir, ainsi qu'il le dit lui-même, il est libre de retourner en prison. Il se marie civilement. Il a une fille. Mais il a pris goût à l'argent facile. Du coup ses vieilles habitudes le font replonger. Encore dix ans ! Son mariage ne tient pas le choc de la rechute.

À sa sortie, seul, sans repère, Cheyenne atterrit dans le monde de la rue, de l'alcool et de la provocation avec la maréchaussée. Pour se faire un peu de thunes, Cheyenne crache du feu. Il se clochardise, mais surtout il plonge dans l'alcool. Ce vice qui a bouffé son enfance par l'intermédiaire de son père, ce vice qui l'a poussé sur les chemins de la délinquance, le fait prisonnier à son tour. Il marche sur les traces de son père, il répète comme c'est souvent le cas.

Quand on a une vie cassée comme la sienne, une des conséquences les plus dramatiques, c'est qu'on se ferme au monde. On se laisse piéger dans l'univers que l'on connaît et où le mal circule. Mauvaise ironie, ce mal, on le caresse. Il nous est familier. Il maintient ouverte notre blessure, cette blessure qu'on s'est presque mis à aimer, en tout cas à laquelle on s'accroche parce qu'on n'a rien d'autre. C'est là qu'on peut mesurer l'importance des découvertes, des rencontres. Quand on les repousse, on s'enferme dans le cercle vicieux de la répétition et, un jour ou l'autre, on reproduit le mauvais exemple. Pourtant, ce n'est pas une fatalité, c'est une question d'histoire, d'habitudes néfastes.

Mais il arrive parfois que, même quand on se cache dans son tonneau, des personnes de cœur viennent frapper à la porte. De celles que la misère ne rebute pas. Qui vont au milieu de la misère pour apporter un peu de soleil.

Dans sa descente aux enfers, Cheyenne a la chance de croiser des personnes qui l'accueillent, lui apportent de l'amour. Lui qui n'avait jamais connu l'amour en vrai est désarmé. Au point qu'il accepte de les suivre à Lourdes.

Et lui qui buvait comme un trou sans fond, à Lourdes, il vit quelque chose qui pourrait rendre jaloux tous ceux qui désirent s'arrêter de boire. Depuis ce jour-là, il ne supporte plus une seule goutte d'alcool. Sa simple odeur lui donne envie de vomir.

Mais son histoire ne s'arrête pas là. Maintenant qu'il est sorti de son tonneau, qu'il sait qu'il y a des matins lumineux, Jean-Jacques accepte de laisser les autres venir à lui. C'est ainsi qu'il fait la connaissance de celle qui va l'aider à modifier sa vie et qui, quelques années plus tard, va aussi devenir sa femme : Marie-Françoise.

Elle est assistante sociale, formée pour côtoyer des gens comme lui. Mais le passé ne s'efface pas comme ça. On peut se redresser, on peut changer, mais on ne passe pas dans la lessiveuse. Ceux qui le prétendent me font peur. J'en entends, parfois, des gens qui expliquent qu'hier tout était moche mais qu'aujourd'hui, parce qu'ils ont rencontré Dieu, tout est devenu beau, d'un coup.

Au début de ma « conversion », je me posais beaucoup de questions. Pour moi, malgré ma rencontre avec le Big Boss, la vie n'était pas toute belle, toute neuve. Il était dans mon cœur, cela, je n'en doutais pas. N'empêche, mon passé continuait à venir me chatouiller la mémoire. Si un gars m'énervait, j'avais toujours envie de lui mettre un coup de boule. Je ne le faisais pas mais l'envie était là. Alors, je m'interrogeais. La rencontre avec le Big Boss, c'est comme un plat mijoté. Il faut prendre le temps de laisser son œuvre s'accomplir. Dépouiller l'homme ancien ! C'est le credo des croyants qui sont passés dans la lessiveuse. Mais lorsque le fils prodigue est revenu, son père l'attendait, n'est-ce pas ? Il l'attendait parce qu'il l'aimait, et on ne sait pas pendant combien de temps il l'a attendu. Et le fils qu'il aimait, ce n'était pas le nouveau, celui qui arrivait sur la route, c'était l'ancien, celui qui était parti. Et celui qu'il voyait venir à lui, c'était encore l'ancien. Tout cela pour dire que Cheyenne n'a pas changé en un jour.

Pour lui et son amie Marie-Françoise, les débuts sont difficiles. Leurs sentiments sont mis à l'épreuve. À tel point que Marie-Françoise décide de prendre le large et part en Roumanie.

Notre ami Cheyenne, assoiffé de cette nouvelle sensation que l'on surnomme l'amour, ne se démonte pas. Il la rejoinds à pied. Sans argent, sans repère autre que l'image de son aimée devant ses yeux, sans papiers, il traverse les pays, passe les frontières, les unes après les autres et la retrouve en Roumanie.

L'amour, comme l'alcool, peut provoquer des gestes fous. Mais à la différence de l'alcool, il embellit le monde et lui donne un avenir. Il ouvre les cœurs, il les fait grandir. Quand je pense à Cheyenne sur les routes, continuant d'avancer malgré la pluie, le froid, la faim, passant les frontières comme il le peut, dormant sur le bord des routes, je me dis que l'amour est une force extraordinaire pour qu'il n'ait pas renoncé. Seul l'amour véritable peut nous conduire au terme du voyage. Sans lui, on finit par baisser les bras. Avec lui, on casse la gueule à l'adversité. On avance contre la pluie et le vent. On accomplit des exploits que tout le monde croyait impossibles.

J'ignore ce qui s'est passé dans le cœur de Jean-Jacques quand il a visité Lourdes. Mais, dans son aventure, je vois la main du Big Boss. Une main délicate qui ne force personne. Une main qui rend libre d'aimer. Parce que la joie du Big Boss, c'est quand nous nous mettons nous-mêmes à aimer. J'aurais voulu être là, et Le voir sourire à l'entêtement d'amour de Cheyenne.

À l'air libre

Dimitri, le voyou, n'est pas croyant. Qu'importe ! Il incarne la loi d'amour. Il ne suffit pas de se dire croyant, encore faut-il aller jusqu'au bout de ce que cela implique. Dans ma vie, il m'arrive de tourner les pages des Évangiles sans les regarder. Par mon comportement, je les froisse, les salis jusqu'à les rendre illisibles.

Quand je regarde vivre Dimitri, le non-croyant, j'ai l'impression qu'il rend les pages des Écritures vivantes sans jamais les avoir lues ou entendues.

Moi-même, comme bien des croyants, je prie pour les souffrances du monde, pour ceux qui sont malades, qui ne peuvent avoir d'enfants, qui traversent des épreuves.

Junior, un ami que la foi n'a pas encore caressé mais qui m'accompagnait lors d'un pèlerinage, s'est étonné : « Pourquoi, vous autres, les croyants, priez-vous toujours pour ceux qui vont mal ? Pourquoi ne priez-vous pas pour ceux qui vont bien, pour qu'ils continuent d'aller bien ? »

Ce jour-là, j'ai vu que le Big Boss était venu visiter un non-croyant pour réveiller toute notre bande de croyants.

Si on croit qu'avoir la foi suffit, que c'est la carte de séjour du Royaume, on se trompe. Ce n'est qu'un visa sur notre passeport. Il ne nous dit pas : « C'est bon, tu es dans la place. » Mais : « Voilà tu peux y aller. » À nous de nous mettre en chemin. Parfois, sur la route, on croise des gens qui vont dans la même direction. Mais eux, ils n'ont pas de visa. Ce sont des clandestins de l'amour. Qu'est-ce qu'on va vivre avec eux ?

Les croyants constipés, ce sont ceux qui ont peur. Leur Dieu, ils en font une possession. Un bien, comme un bon du trésor ou une assurance-vie. Du coup, ils vivent inquiets, comme tous ceux qui possèdent. Ils ont peur des voleurs. Alors, ils mettent leur Dieu dans un coffre qu'ils verrouillent à double tour. Cela me fait penser à ce type qui avait un champ et plein de monde à son service.

Un jour où il doit s'absenter, il fait venir ses gens et file un peu d'argent à chacun. Quand il revient, il les appelle. Au premier, il demande : « Toi, qu'est-ce que tu as fait avec mon argent ? »

L'autre est rassuré. L'argent, il l'a caché dans la cour de sa maison pour qu'on ne le vole pas. Il avait la trouille, avec cette somme qui ne lui appartenait pas. Maintenant que son patron est revenu, il va pouvoir la rendre intacte. Mais, au lieu de le remercier, son patron entre dans une colère noire. Il l'engueule et le fout hors de chez lui. Le suivant, lui, a placé le dépôt. Quand son patron l'interroge, il lui dit : « Tu m'as donné cent balles, je t'en rends mille. »

Celui-là, son patron l'embrasse et l'installe chez lui. Il n'avait pas la trouille du patron, alors il a pris des risques. Et, son Boss, c'est ce qu'il voulait.

Pour moi, le Big Boss est amour et l'amour, on ne le met pas dans un coffre. L'amour meurt quand il est enfermé. Il vit à l'air libre, il grandit et se multiplie quand il se partage. Il faut simplement oser le sortir, le risquer.

Les constipés qui mettent Dieu dans leur coffre n'aiment pas les hommes. À moi aussi, il m'arrive d'être constipé, mais les hommes, c'est le plus beau cadeau que le Big Boss nous ait fait. Un sourire, un regard qui s'illumine, un visage que visite la joie, c'est sa présence parmi nous. J'appelle cela la dimension spirituelle. Il faut avoir été confronté au vide pour le comprendre. Il faut s'être cogné la tête contre des cœurs fermés pour mesurer combien l'éclat de la joie est un don extraordinaire, le signe ou la manifestation de quelque chose que l'on n'attendait plus.

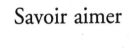

Savoir aimer

Je devais avoir vingt ans. Jésus, je commençais à en entendre parler, mais, pour dire la vérité, ça me saoulait un peu. Alors, pendant que les autres étaient à la messe, je montais dans le clocher.

C'est là que je me trouve quand le curé commence son prêche sur le lavement des pieds. Pour une fois, j'écoute ce qu'il raconte parce que l'histoire qu'il commente me saisit. Voilà un type qui arrive chez une femme avec sa bande et elle, elle se précipite pour lui laver les pieds avec du parfum et les essuyer avec ses longs cheveux ! Le business man de la bande n'est pas content qu'on gaspille le parfum. On aurait pu le vendre et donner l'argent aux pauvres. Pas de chance ! Il se fait envoyer sur les roses par Jésus, et tous les autres avec, parce qu'il n'ont rien compris !

« Aucun de vous n'a pensé à mes pieds fatigués,

n'a détaché mes sandales, ne les a rafraîchis avec son bien le plus précieux et ne les a essuyés avec ses cheveux ! »

Ça me botte. Je trouve l'idée de se faire laver les pieds comme ça très sensuelle. Et je suis content que Jésus ait rabroué celui qui ne pensait qu'à la thune. Je suis intrigué aussi. Il n'y en a qu'un qui réagit mais Jésus les engueule tous ! On ne nous dit pas pourquoi, mais j'ai mon idée. Les autres ont dû ricaner ou suivre le trésorier comme des moutons. J'ai vu ça plein de fois.

Du coup, ce Jésus commence à me plaire et je me dis : « Je vais essayer le coup des pieds. »

Je dégringole de mon clocher et j'appelle une copine. Elle a les cheveux très longs. Tout à fait ce qui convient. J'achète deux grandes bouteilles de parfum et je monte sur ma moto. Quand j'arrive chez elle, elle me regarde avec des yeux pleins d'interrogations. À sa tête, je vois bien qu'elle ne comprend pas où je veux en venir. Ce n'est pas grave. Je lui tends les bouteilles et lui dis : « Ne bouge pas, je reviens dans un quart d'heure. »

Manifestement, elle me prend pour un fêlé. Un quart d'heure, c'est le temps pour moi de fatiguer mes pieds. Un quart d'heure de marche dans le quartier et je retourne chez elle.

« À présent, tu vas me laver les pieds avec une bouteille de parfum et tu vas me les essuyer avec tes cheveux. »

La sensation est extraordinaire. Maintenant, à son tour ! Je l'envoie marcher un quart d'heure.

« Je vais le faire pour toi, tu vas voir. »

Au sujet de Jésus, j'entendais toujours dire : il s'est fait Homme. Je n'y comprenais rien. Il s'est fait Homme, ça veut dire quoi ? Cette expérience m'a mis sur la voie. Il y avait une telle sensualité dans ce geste, dans le contact des cheveux sur des pieds fatigués baignés de parfum ! Homme, dans ce sens, ça me parlait. Du coup, j'ai pensé : « Maintenant, je sais. Ce mec-là, Jésus, je le suivrai n'importe où. »

C'est à partir de ce moment que Jésus a cessé de me saouler.

Une grande gueule, un cœur immense

Parfois, chez nous, dans les Pyrénées, viennent des jeunes de centres fermés. Ce ne sont pas à proprement parler des prisons mais ça y ressemble. Ce sont des institutions carcérales pour délinquants mineurs, mais avec toutes sortes d'accompagnements pour leur permettre de reprendre pied dans la vie. Seulement ce n'est pas gagné d'avance. Il faut beaucoup de délicatesse.

Pour cela, quand un groupe arrive, je regarde chacun comme s'il était unique ; et il est unique !

Quand le jeune me donne son prénom ou son surnom, je sais tout de suite que la vie ne l'a pas épargné, qu'il a été écorché et que ce ne sera pas du gâteau.

Au cours de la semaine, nous faisons un repas de fête pour qu'ils se sentent bien, respectés. De toute façon, pour moi, les jeunes sont dignes des plus grands festins.

Cette fois, ce sont des jeunes d'un centre fermé de la région lyonnaise, tous suivis, évidemment, par un juge. Ils sont encadrés par deux éducateurs très biens, très sympas. L'un est un ancien pompier, l'autre a été débardeur de bois avec des chevaux. Les choses semblent se présenter sous de bons auspices quand les deux éducateurs viennent me voir. On est lundi et ils me disent : « Mercredi, nous devons repartir. Deux autres éducateurs viendront nous remplacer. »

Je reste scotché sur place.

« Pourquoi ne faites-vous pas tout le camp avec ces jeunes ? Vous savez qu'ils ont besoin de repères. Pour s'adapter, ici, ils vont avoir besoin de vous. Et mercredi, au moment où votre boulot va commencer à porter ses fruits, quand les choses vont se mettre en place, vous allez partir ! Tout ce que vous avez fait sera foutu en l'air et il faudra recommencer à zéro avec les nouveaux ! »

Ils me comprennent, mais ils n'y peuvent rien. Entre les nuits, le transport et les trois jours qu'ils vont passer ici, ils auront accompli leurs trente-cinq heures. Au-delà, il faudrait les payer en heures supplémentaires et leur centre n'est pas assez riche pour cela. Je sursaute. Je ne peux pas m'empêcher de leur lancer : « Mais le coût du transport pour faire venir vos remplaçants aurait largement payé vos heures supplémentaires ! »

Ce sont les mystères de l'administration. Dans tous les cas, ce sont les jeunes qui vont en subir les conséquences.

Maintenant, ça s'annonce mal !

Le lendemain, au boulot. Il faut dégager une pièce d'eau, drainer les sources en creusant des rigoles pour que l'eau coule bien. Le groupe ne parvient pas à se souder. Les histoires personnelles de chacun viennent leur chatouiller la mémoire. Entre eux, ils ont un langage violent.

Il y en a un qui se distingue : Saïd. Une vraie bouche. Un provocateur né. Et avec ça, infatigable. Un moulin à paroles, à vantardises, à défis, toujours sur le dos des autres. Un agitateur. Ces jeunes ne sont pas des tendres. Mais avec Saïd, ils sont dépassés. Pendant les trois premiers jours, je l'observe. Il n'a pas un instant de répit. C'est amusant un temps, mais quand ça dure toute la journée, et tous les jours, ça devient épuisant !

Malgré tout, les liens commencent à se nouer. Le soir, dans la salle de sport, je me mets à leur écoute. Chacun vient, comme ça lui chante, me parler. Saïd, évidemment, n'est pas du lot. Je sais que son attitude cache une très profonde souffrance. C'est sa manière à lui de murmurer, même si elle est bruyante et envahissante.

Arrive le jour de la relève.

Les jeunes ont compris. Ils sont maussades. Les plus courageux n'ont plus d'entrain pour creuser. La journée est à l'orage.

Les remplaçants débarquent quand nous finissons notre déjeuner. Aux premiers mots des nouveaux éducateurs, c'est l'explosion. Cris des deux côtés. Et Saïd, la grande gueule, se lâche. Il déverse un torrent d'injures. Le ton, autant que les mots, est une véritable déclaration de guerre. Je dis souvent que les mots font plus mal que les coups. C'est vrai. Mais le ton aussi peut être blessant. Vindicatif, véhément, il peut devenir une véritable agression. Saïd s'est lâché, et les autres, comme des moutons, lui emboîtent le pas.

Voyant que ça dégénère, je réagis. Mais Saïd continue. Maintenant, il argumente. Les éducateurs sont payés pour leur boulot. Eux, les jeunes, ils ont des droits. Et les autres, ils sont payés pour respecter leurs droits…

Quand j'entends cela, je bouillonne intérieurement. Dans notre société, on parle toujours de
droits : droit de ceci, droit de cela. Mais on en
oublie les personnes. Que valent les droits si,
pour les affirmer, on traite l'autre comme de la
merde ? Les droits qu'on a, c'est d'abord un hon-
neur que l'on doit mériter.

D'un bond, je me lève et je réunis tout le
monde sur le chemin forestier. J'ai les boules. Je
n'aime pas ce qui vient de se passer et les jeunes
le voient.

« Bon, les gars, vous ne voulez pas travailler
parce que vous voulez accueillir vos nouveaux
éducateurs, pas de problèmes. Mais avant tout,
Saïd, tu t'excuses pour ta façon de parler et tu
montres ton respect aux anciens. »

Au lieu de le faire, Saïd repart sur ses questions
de droit. Je me fâche tout rouge, je suis blessé par
ce que je vois et entends.

« Saïd, on vient de la merde. Mais, petit frère,
je vais te montrer quelque chose. Je vais faire ce
que doit faire un grand frère. Un jour, quand tu
décideras de grandir, tu seras appelé à agir de
même. »

Je le plante là et je me tourne vers les éducateurs. Je leur demande pardon pour le mauvais
accueil et le langage ordurier de mon petit frère.
À ce moment, un des gars intervient pour justifier Saïd. Je me retourne : « Toi, tu te tais ! Un

pote, ça se protège. On ne le regarde pas se casser la gueule, on lui porte assistance. »

J'embrasse alors les éducateurs, l'un après l'autre, de la part de mes petits frères. Je leur donne le baiser de paix. Ils ont les yeux humides.

Il fallait voir la tête des gamins. Déconfits comme si la France avait perdu en finale de coupe du monde ! Pas un mot quand ils vont prendre place dans le minibus qui doit les conduire vers la pièce d'eau. Chaque regard est un spectacle qui me met à genoux.

De ce jour, Saïd change. Lui qui ne foutait rien et qui décourageait les autres, il se met au travail. Ses copains ne comprennent plus rien.

Quand je le félicite, il me dit avec un sourire en arc-en-ciel et sans pouvoir oublier sa gouaille : « Tim, c'est pour toi que je le fais, pas pour eux. Pour que tu ne m'oublies pas. »

Eh bien, Saïd, tu vois, je ne t'ai pas oublié !

Le dernier soir, il vient me parler de ses souffrances. Famille déchirée, abandon, rejet. Le jour du départ, il veut rester.

« C'est ici qu'on devrait faire notre temps, dit-il. On a encore trois semaines à tirer. »

Il était calme, mais inquiet, angoissé par son avenir.

Tous les jeunes sont venus me dire au revoir.

Même les plus durs avaient un regard profond et une humilité qui en disaient long. Les éducateurs aussi étaient émus.

Dans le bus, quand il s'est mis en route, ils m'ont fait signe de la main. C'était extraordinaire. On aurait dit une classe de tout-petits.

Depuis vingt-quatre ans que j'accueille des jeunes et des moins jeunes, je ne suis toujours pas habitué aux départs.

J'aime la nature, elle est pour moi pleine de leçons. Quand je pense à ces jeunes blessés, je pense au hérisson. Je me souviens d'une nuit, dans la forêt. Je marchais, empli par la paix des arbres, quand soudain j'ai entendu un grondement si puissant qu'il m'a fait sursauter. J'ai tourné la tête, inquiet, en me demandant : « Où est le sanglier ? » Le sanglier, c'était un petit hérisson sur lequel j'avais failli marcher ! Le hérisson est comme ça, dès qu'il se sent en danger, il se ferme, rentre en lui-même et vous agresse de ses piquants et de son cri disproportionné pour sa taille. Mais si vous vous baissez, si vous vous mettez à sa hauteur, lorsqu'il ne se sent plus menacé par votre taille de géant, il se laisse apprivoiser. Il suffit d'un peu de patience et c'est lui qui vient vous voir, curieux et amical. Dès qu'il n'a plus peur, il vous laisse caresser son petit museau tout soyeux, au point de vous faire oublier ses piquants.

Ces personnes handicapées que j'aime

Quand je rentre à la maison, après une semaine d'absence, moi qui viens de tant parler, cela me fait du bien d'écouter ce que ma famille a à me dire. J'aime tout particulièrement quand Martine me raconte son travail au Pavillon des personnes handicapées.

Je ne peux oublier que ce sont des personnes handicapées qui ont caressé et domestiqué l'homme blessé, délinquant et voyou que j'étais. La première fois que j'ai rencontré un garçon handicapé, il m'a regardé bizarrement à cause de son handicap, puis il m'a demandé mon prénom. Sans rien dire, subitement, il m'a mis la main sur le cœur, tel un éclair. Puis, par sa bouche déformée, il m'a dit : « T'es gentil, toi ? hein ! »

Il m'a pris par le bras et m'a invité à partager son repas dans un foyer de l'Arche de Jean Vanier. Il fallait que je rencontre une personne handicapée pour m'entendre dire que j'étais « gentil », quand les personnes non handicapées ne me l'avaient jamais dit. Cette attitude m'a scotché sur place. Trois mois plus tard, j'ai revu ce garçon. Il m'a regardé, il m'a dit :

« C'est ta fête hier.

— Qu'est-ce que tu racontes là ! »

Il a couru chercher le calendrier de La Poste pour me montrer le jour de ma fête. C'est là que j'ai appris que j'avais une fête ! J'ai été abasourdi. Des gens qui ont quatre écoles superposées dans la tête : maternelle, collège, lycée, université me demandaient mon prénom et, lorsque je les retrouvais le lendemain elles me le redemandaient parce qu'elles l'avaient déjà oublié. Et lui, qui n'avait qu'une demi-école dans la tête, il s'en rappelait !

Les gens aiment l'histoire du Petit Prince qui apprivoise le renard et du renard qui apprivoise le Petit Prince. Je suis content qu'il y ait, sur terre, des êtres humains qui apprivoisent des êtres différents. Peut-être que, sans eux, je n'aurais jamais pu changer ma vie.

Martine aime ce qu'elle fait et les personnes qui travaillent avec elle. Cela donne une saveur particulière à ses récits. Elle fait des rencontres qui me semblent des bouffées d'air, parfumées d'espérance. Elle me raconte ces parents qui aiment et qui accompagnent leur enfant handicapé d'une façon si jolie qu'ils deviennent des êtres de lumière. C'est vrai, les personnes handicapées ont souvent une telle délicatesse de cœur lorsqu'elles s'intéressent aux autres que l'on pourrait les prendre pour modèle. Elles ont une gaieté qui transfigure et réchauffe la vie des gens dits normaux.

Martine a été éveillée à cette chaleur par deux de ses cousins. Elle les voyait beaucoup enfants, puis elle les a perdus de vue. Ils ont disparu des réunions familiales. Vers l'âge de seize ans, elle s'est demandée ce qu'ils étaient devenus. Elle est allée les voir. Ils avaient subi et subissaient encore opération sur opération, passant d'hôpital en centre de rééducation. Pourtant, ils rayonnaient de joie, d'humour, d'amour. Martine dit toujours : « Quand je sortais de chez eux, j'avais un soleil dans le cœur. »

Pour Alban, l'aîné, qui était comptable à Radio France, sa joie s'exprimait à travers sa passion : la batterie. Pour Gilles, orthophoniste, c'était la composition de chansons qu'il accompagnait sur un synthétiseur. Une communauté de sœurs, toute proche de chez eux, leur avait prêté une pièce où ils pouvaient donner libre cours à leurs passions un peu bruyantes pour le voisinage.

Bien des personnes ont chanté les compositions de Gilles sans savoir qu'il était handicapé. Quand je les ai entendues pour la première fois, je suis resté sur le cul. Qui, ignorant son état, aurait pu y songer en entendant, sur un air de bossa-nova : « Merci Seigneur de nous avoir donné la vie,

Merci Seigneur pour ton amour qui nous guérit,
Je te louerai, ô Seigneur, tous les jours de ma
vie ! » Je venais de découvrir un chant de croyant
qui n'était pas constipé. Alban, qui ne pouvait
parcourir le monde, voyageait dans l'univers par
les photos qu'il faisait. Avec son zoom, il décou-
vrait l'infiniment petit et il nous faisait partager
son émerveillement devant la création par ses pho-
tographies de fleurs et d'insectes dont il aimait
faire des cadeaux.

Les personnes handicapés peuvent être dérou-
tantes. Mais si on se laisse arrêter par les apparences, on risque de passer à côté d'êtres
extraordinaires de volonté et de cœur. Je pense,
par exemple, à Marie-Joëlle que Martine m'a
faite découvrir.

Toute petite, sa mère l'abandonne et elle se
retrouve dans un orphelinat. Après quelques
années, ses grands-parents la prennent chez eux.
Mais ils sont très pauvres. À cause de son handicap, Marie-Joëlle ne peut pas sortir. Pas d'amis,
pas de scolarité. La seule chose qui lui tienne compagnie, c'est un vieux poste de télé que quelqu'un
a donné à ses grands-parents. Son appétit de
découverte la fait se passionner pour une émission
phare de l'époque : *Des chiffres et des lettres*. C'est
ainsi que toute seule, grâce à cette émission, elle

va apprendre à écrire et à compter. Aujourd'hui, elle a fait du chemin. Sa volonté de vivre, des rencontres, une invitation à Lourdes, lui ont donné des amis. Jean Vanier, qu'elle ne connaissait pas, croisé par hasard dans un train, l'a mise sur le chemin du témoignage. Seulement voilà, tout comme le fauteuil est toujours présent, la blessure de l'abandon dont elle a souffert dans son enfance est toujours dans son cœur. Alors, pour compenser ce vide qui s'est creusé en elle et qui l'habite encore, elle a l'habitude d'avoir, avec elle, un biberon et une poupée. Lorsque les gens qui ne connaissent pas son histoire voient cela, ils sont déroutés.

Marie-Joëlle sait ce qui lui a manqué et qui lui manque encore, et elle a la simplicité et la liberté d'y pallier à sa manière. Il y aurait sûrement moins de personnes dans les hôpitaux psychiatriques si les adultes blessés pouvaient crier leur manque avec cette même liberté.

Voilà, il suffit d'apprendre à décoder les signes pour passer au-delà des apparences et découvrir la force et la beauté de Marie-Joëlle.

C'est comme Jean-Baptiste, handicapé moteur mais aussi psychologue de formation. À cause de son handicap, il ne peut pas coordonner tous ses mouvements ni tout à fait sa parole. Je me souviens, c'était au Trocadéro, à Paris, pour une grande réunion de témoignage. Quand arrive son tour, il monte sur scène. Gestes désordonnés, élocution difficile : les gens le regardent bizarrement. Même ceux qui ne sont pas intéressés s'arrêtent, intrigués. Mais, la surprise passée, les apparences dépassées, ils sont tous scotchés. Quel témoignage extraordinaire ! Quelle leçon aussi de volonté ! Il a une entreprise de communication et fait du management pour des entreprises et des écoles.

On pourrait multiplier ainsi les histoires. Il me suffit de dire que tous ceux qui ont appris à connaître les personnes handicapées ont aussi appris à les aimer.

« *On ne voyait que toi !* »

Macha, c'est Martine qui me l'a faite connaître. Martine aime nous faire découvrir des personnes qu'elle a rencontrées.

Quand j'ai vu Macha, la première fois, dans son fauteuil roulant, c'était une jeune femme jolie, avec un regard pétillant et une voix qui avait du caractère. À cause de son prénom, je pensais qu'elle était d'origine russe. Ce n'était pas le cas. Malheureusement, ce jour-là j'étais fatigué, du coup je n'étais pas très avenant, un peu ours. Je me suis donc contenté d'observer et d'écouter sans m'immiscer.

Macha n'était pas une personne ordinaire. Elle pratiquait le basket en chaise roulante et jouait à un très haut niveau. Quand elle me l'a dit, ça m'en a bouché un coin. Elle était à Lourdes avec l'Ordre de Malte qui parraine les pèlerinages de personnes handicapées, pendant deux années de suite.

Cette jeune femme, débordante de vie, a pourtant eu une enfance horrible.

Quand Macha est née, elle était un bébé tout à fait normal, parfaitement constitué, sauf que son père n'était pas là. Disparu. Sans père, elle avait tout de même une mère. Mais à treize mois, à cause d'un vaccin défectueux, elle se retrouve contaminée, atteinte par la polio dont le vaccin devait la protéger. De ce jour, sa maman, déroutée dans sa maternité, prise par son travail, repousse ce bébé atteint. C'est la marraine de Macha qui donne l'alerte. Intervention des services sociaux et de la DDASS. Jugement. Macha est placée.

Mais son cas est difficile. En quatre ans, elle passe entre les mains de vingt-deux nourrices ! Finalement, l'une d'elles accepte de la garder. Elle va rester dix ans et demi chez elle.

Seulement, dans cette famille d'accueil, l'alcool s'est infiltré. Sans doute gênée par la maladie de l'enfant, la nourrice prend pour habitude de lever

Macha après que son mari est parti au travail et
de la coucher avant qu'il ne revienne. Elle ne
veut pas qu'il soit dérangé par la vue de son handicap. Ainsi, pendant dix ans, Macha va-t-elle
rester plus ou moins de force dans son lit. Elle ne
doit pas gêner. Au-dessus de ce lit-prison, une
peinture à l'italienne : un ange dominant un
enfant, avec un ballon accroché dans les branches.
Ce sera la seule caresse de ses longues nuits et de
ses journées interminables, cachée au fond de son
lit. Cette famille, elle-même prisonnière de l'alcool,
finira par s'entretuer. Un beau jour, le gendre
abattra sa belle-mère et sa femme avant de se
donner la mort !

Mais en même temps Macha me confie :
« Quand on m'a mis des broches, sans calmants,
et que la douleur était atroce, ma nourrice restait
des heures au pied de mon lit en priant tant elle
souffrait d'être impuissante à soulager ma souffrance. Quand je repense à elle, j'ai l'image de la
Pietà de Michel Ange. Elle a toujours voulu que
j'aille à Lourdes, ce que je refusais à cause de ma
révolte. Mystérieusement, j'y suis allée après sa
mort. Je ne me doutais pas que Lourdes devien-
drait pour moi un lieu de ressourcement. Je le
dois certainement à cette nourrice. »

À la suite de ce drame, Macha, qui vient de
faire l'expérience de l'extrême pauvreté humaine,
est placée dans un hôpital. Là, entre les opérations

et la solitude, elle suit tant bien que mal sa scolarité. Malheureusement, on ne lui demande pas son avis. Comme si son handicap lui enlevait aussi sa liberté et son avenir. Elle qui avait des goûts artistiques, on l'oriente vers le secrétariat. À seize ans, elle fait sa première tentative de suicide. Elle se jette du haut d'un escalier. Par chance, il n'y a pas de grabuge. Il faut cela pour que l'assistante sociale se rende compte qu'il y a urgence et qu'enfin elle considère Macha dans sa vie. Mais les dommages sont profonds et, à l'âge de dix-neuf ans, quand d'autres découvrent la liberté de la jeunesse, Macha fait sa deuxième tentative de suicide en avalant des neuroleptiques, la dose de trois mois ! Là encore, par un miracle incompréhensible, elle survit.

C'est alors qu'elle rencontre un neuropsychiatre, un homme de cœur qui va changer son destin. Quand il la reçoit, il lui dit ces mots magiques : « Ma chérie, tu es trop belle pour mourir ! Je vais être obligé de te faire mal, je vais t'aider à vivre. Je vais te mettre dans les mains de mes parents ! »

Macha va rester trois semaines chez les parents de l'homme bon. Ils vont la sortir, l'amener au théâtre, lui faire découvrir des expositions. Grâce à leur prévenance, Macha acquiert la certitude qu'il n'y aura jamais de troisième tentative de suicide. Et, à leur côté, elle commence intérieurement un dialogue avec le Big Boss. Un dialogue houleux

– même encore aujourd'hui –, un dialogue fait de questions, de reproches, de coups de colère, de cris, mais un dialogue, une relation vivante. À ceux qui lui demandent si la foi l'a aidée à supporter son handicap, elle répond : « Pas comme vous le croyez. Dieu, souvent, je l'engueule. Lui et moi, on lutte ensemble. C'est comme cela qu'on s'aime. »

Ces trois semaines permettent à Macha de reprendre sa vie en main. Des années plus tard, arrivée à Paris, elle passe et réussit le concours des Arts déco. Puis elle est remarquée par un entraîneur de basket, Ryadh, lui-même handicapé, trois fois champion d'Europe de basket handisport. Il la pousse, malgré ses doutes. Une fille formidable, une amie de Macha, lui déclare après l'avoir vue jouer : « On ne voyait que toi, on ne voyait pas ton fauteuil. »

Cette même amie lui a fait un autre immense cadeau en lui disant : « Macha, quand tu étais petite, ton corps ne t'appartenait pas. Tu subissais la loi des éducateurs, des docteurs, de la DDASS. Tu as même subi des opérations sans anesthésie. Mais aujourd'hui, tu tiens ta vie en main et tu es aimable. »

Elle a semé l'espérance dans sa vie.

Macha a eu raison de persévérer. Avec son équipe, elle est devenue championne de France à deux reprises.

Merci à tous ceux qui savent accompagner l'autre, se réjouir des talents enfouis, des beautés cachées, au point de devenir des passeurs de beau, d'espérance et d'applaudir l'autre dans ses premiers élans d'être en marche.

Aujourd'hui, pourtant, le plus grand handicap de Macha, ce n'est pas la polio c'est le manque qu'a créé en elle l'abandon. Elle lutte toujours contre l'absence de confiance qu'il a instillée dans son cœur.

Nous sommes de la même famille sur ce point : celle des enfants abandonnés. L'abandon, c'est un handicap. Mais il ne se voit pas au premier coup d'œil.

Petits enfants du désespoir

Oui, l'abandon est une blessure cachée. Il arrive cependant qu'il se manifeste de façon singulière. Il se rend alors visible, mais sous la forme d'une énigme.

Parfois, la blessure de l'abandon peut se manifester par la perte des cheveux, comme ce jeune professeur d'aïkido que j'admirais pour la rigueur de son engagement. Il s'était voué corps et âme à

son art à tel point qu'un jour je n'ai pu m'empêcher de lui dire, naïvement : « Tu en veux drôlement ! Ça m'épate. Tu es à cent pour cent dans
ton truc. Ton allure, tout. Tiens, même ta tête
est devenue asiatique, avec ton crâne rasé ! »

Il a dû être touché par ma candeur et le fait
que je voulais sincèrement lui faire un compli-
ment, parce que, au lieu de se vexer ou de se fer-
mer, il m'a pris à part et m'a expliqué qu'il avait
perdu tous ses cheveux d'un coup, le jour où son
père avait quitté le foyer.

Je me souviens également d'un garçon de seize
ans qui m'intriguait par son aspect juvénile : tout
petit, la taille d'un gamin de douze ans, et un
visage enfantin, impassible. Il s'accrochait à moi
et me suivait partout. Un jour, ce devait être
dans l'après-midi, sans raison, il s'est mis à parler. On aurait dit qu'il vivait un rêve éveillé. Ses
grands yeux ouverts regardaient le vide. L'atmosphère aussi était étrange, moite, immobile comme
un jour d'été.

« Tim, me dit-il d'une petite voix de confidence, avant, je ne pouvais pas dormir la fenêtre
ouverte. Un jour, je me suis mis à la fenêtre. Elle
était ouverte, les rideaux bougeaient et je me suis
endormi. »

Je suis resté sans voix. Que dire, que répondre
à cela ? D'ailleurs, je l'avoue volontiers, je ne

comprenais absolument pas ce qu'il voulait me dire. Pourtant il exprimait une souffrance, cela je le sentais. J'ai grommelé quelque chose, pour rompre le silence. Alors, il s'est tourné vers moi et m'a regardé : « C'est ce jour-là que j'ai arrêté de grandir. »

Je devais apprendre, plus tard, que sa mère l'avait abandonné quand il avait neuf ans. En fait, elle s'était jetée par la fenêtre ! Depuis, effectivement, il n'avait plus grandi. Il s'était arrêté de vivre et attendait sa mère, à la fenêtre.

C'est à lui que j'ai immédiatement pensé quand on m'a conté l'histoire de ce petit Russe de neuf ans dans son hôpital. Par hasard, chez lui, à la maison, il a avalé des produits chimiques. Hospitalisation. Diagnostic. C'est grave, très grave. L'estomac a été rongé du dedans. Jamais plus cet enfant ne pourra être normal. Pour lui, un long calvaire s'annonce. Sa vie, désormais, est tracée : hôpital sur hôpital, traitement sur traitement, jusqu'à ce que son corps, n'en pouvant plus, finisse un jour par céder. Lorsque sa mère apprend cela, elle ne peut pas faire face. Elle signe un document dans lequel elle renonce à son enfant. Peut-on la juger ? Sait-on quelle est sa vie, la misère dans laquelle elle se débat ? Elle n'a peut-être pas les ressources morales ni financières pour s'occuper de son petit garçon.

Peut-être s'est-elle dit qu'en le remettant à l'Assistance publique il serait mieux entouré ? Sait-on les larmes qu'elle a versées en signant ce papier ? Connaît-on son cœur ? Son enfant ignore qu'elle l'a abandonné. Alors, tous les jours, il reste devant la fenêtre et la guette. Aux infirmières émues par son sort qui se relaient auprès de lui, il répète : « Maman va venir. Elle me cherche. Elle ne sait pas que je suis ici, on m'a changé d'hôpital. Elle doit être morte d'inquiétude. Il faut lui dire où je suis. Elle me cherche. »

Que peuvent faire les infirmières qui n'ont pas les mots pour dire l'abandon ? Rien ! Elles se retirent et vont pleurer dans la pièce d'à côté.

Je sais, c'est une histoire que je n'ai pas vécue, que j'ai seulement entendue. Mais a-t-on besoin d'être là pour être ému, pour comprendre et partager la souffrance ? Ce petit garçon que je n'ai pas vu, dont je ne connais pas le nom, je le porte dans mon cœur.

Qu'adviendra-t-il de lui lorsqu'il découvrira la vérité ? Son cœur se fermera ? Il se livrera aux griffes de la haine ou du désespoir ? C'est possible. Rencontrera-t-il sur son chemin quelqu'un qui lui donnera la force de pardonner ? Je l'espère. Mais quel amour il a pour sa mère ! Quelle immense confiance en elle ! Souvent, ce que l'on appelle la haine, ce qui se transforme en haine, c'est un immense amour que la vie nous a volé.

Un coup de poing au cœur

En Lituanie, lors d'un de mes séjours, je suis embarqué, conduit tout au bout du pays, pour visiter un orphelinat. Pas n'importe lequel. Un orphelinat modèle. Sous la pression des autorités qui veulent améliorer le sort des enfants abandonnés, il a été entièrement refait. Tout est nickel. Le sol brille, les enfants sont bien rangés, assis droits sur leurs chaises.

On a fait des efforts pour eux, et j'en suis profondément touché. Mais le confort matériel, s'il est le bienvenu pour ces enfants oubliés de la vie, ne supplée pas l'amour dont ils ont manqué et, je le vois, ils continuent de porter les stigmates de leurs souffrances. Je suis frappé par leurs yeux. Ils brillent, mais pas comme à la fête foraine. Ils brillent comme s'ils venaient de vivre une catastrophe. Ces gosses ont des regards profonds mais absents.

Quand je me mets à parler, cependant, je les vois se transformer. Leurs corps étriqués se décontractent. J'ai peur même, au bout d'un moment.

J'ai l'impression qu'ils vont tomber tellement ils se penchent vers moi. Certains essaient de me dire un mot, timidement, en regardant autour d'eux comme pour demander l'autorisation. Je suis ému. Au bout de deux heures, ils sont tout animés, ils ont retrouvé leur naturel.

Avant mon départ, ils insistent pour me montrer leurs chambres. C'est beau. Chacun a la sienne, propre, bien rangée. Je remarque un détail qui me fait chaud au cœur. Il y a des peluches. Je sais l'importance de cette attention délicate. Dans leur environnement, les enfants osent me toucher la main ou le bras. Ils me demandent si je vais rester avec eux. Ça me déchire le cœur. Si je pouvais, je les prendrais tous avec moi !

Au moment de mon départ, il sont tous là, dans le hall, pour me dire au revoir. C'est ce moment que choisit un garçon de quatorze ans, un costaud, un balèze, pour se détacher du groupe et venir vers moi. Il serre très fort quelque chose contre sa poitrine. Arrivé à ma hauteur, il me le tend d'un geste brusque, soudain : « C'est pour toi ! »

Je regarde. C'est une broderie. Le personnage de Donald qu'il a cousu de fils bleus et jaunes, avec quelques touches de rouge. Son regard est bouleversant. Dans ses yeux je lis : « Je t'ai choisi comme papa. » Je prends délicatement son cadeau et place son regard tout au fond de mon cœur.

Quand je lève la tête, je suis surpris par l'air ahuri des responsables. Ils n'en reviennent pas.

Mikolas, c'est un dur de dur. Il vit dans la rue depuis l'âge de huit ans. Grâce à sa force physique et à son caractère, il est rapidement devenu chef de bande. Il dirige des plus jeunes et même des plus âgés. On le connaît bien. Il a fait presque toutes les maisons de correction du pays. La police l'attrape, mais il s'enfuit chaque fois. C'est la première fois qu'il crée avec ses mains. Et quoi ? Une broderie, un truc de fille ! Mais il fallait voir ses yeux et sa façon de tendre le bras avec son cadeau et tout son corps abîmé par les labours de la vie. Un vrai prince.

Comment pourrais-je douter en la vie des êtres en marche ? Merci d'une telle caresse. Je m'en sens si peu digne !

Pour mesurer le geste de Mikolas, il faut savoir ce que provoque l'abandon, comment, en s'insinuant dans vos tripes, il vous rejette en marge des vivants.

L'abandon, c'est une crevasse. Elle est parfois cachée, d'autres fois très visible. Je reçois beaucoup de confidences d'enfants, d'adolescents, d'adultes qui me livrent leur mal de vivre. Ils me parlent, et je découvre que derrière leurs souffrances se tapit un abandon.

Souvent, je n'ai pas besoin qu'ils me le disent. Je sens cette peur qui étreint leur cœur ; elle se communique à moi. Je la reconnais. Elle a tellement malaxé le mien et le malaxe encore ! Alors, on se tient en retrait. Surtout ne pas se livrer. On teste tout le monde, tous ceux qui nous entourent et surtout ceux qui nous expriment de l'amour. On ne peut pas croire que l'on puisse être aimé. On ne veut pas que l'abandon recommence.

L'abandon nous a marqués de son signe. Les gens disent sans réfléchir : « Il est comme son père ! » Ils pensent à l'hérédité, l'héritage biologique. Celui qui a été abandonné raisonne de la même manière. Il n'y a pourtant là rien de biologique. C'est une donnée de l'histoire, d'une histoire malheureuse. Mais l'abandonné se sent marqué. Il porte, au plus profond de son être, le signe de malédiction. Alors, il hésite, se retient sur le seuil. Il a si peur de mal faire !

Je sais des parents adoptifs formidables de cœur et de dévouement qui se trouvent pourtant impuissants devant le malaise de leur enfant. Ils ne peuvent rien face à cette déchirure. Nul ne peut rien. Le cœur des enfants abandonnés ressemble souvent à une passoire. On remplit la passoire d'amour, indéfiniment, et l'amour fuit par les petits trous.

Avec le temps, la fidélité et l'espérance, des trous peu à peu se referment. Alors, on peut accepter l'amour des autres et croire que l'on a le droit d'être aimé.

En accompagnant doucement celui qui a été abandonné, on lui permet de surmonter son épreuve. On ne supprimera pas l'abandon, on n'annulera pas l'histoire, on n'effacera pas la marque, mais on fera en sorte qu'elle ne soit plus une fatalité. Alors, les parents adoptifs qui ont peiné, qui ont traversé toutes les angoisses pour leur enfant seront caressés à leur tour.

L'abandonné, accueilli joliment, deviendra un torrent libre d'amour.

Dans la voiture, je ne dis pas un mot. Je me plonge dans l'intimité du Big Boss et de toute sa bande. Je lui demande, comme un mendiant maladroit, de ne pas oublier ce garçon et tous les autres, et de mettre les bonnes personnes sur leur chemin pour qu'ils puissent, un jour proche, croire en eux-mêmes.

Parfois, on aimerait avoir une baguette magique pour que tous les petits de la terre soient épargnés, qu'ils ne fassent pas les frais de nos maladresses. Mais une belle attitude, un vrai regard, un geste délicat, tout cela vaut bien plus qu'une baguette magique. Il ne faut pas se décourager devant l'immensité de la tâche.

Nous, les enfants abandonnés

Ils sont assassins, ces premiers regards qui semblent déjà tout savoir de notre avenir, qui disent qu'on est des familles à risques.

On a déjà peur dans l'instant et on nous installe dans l'avenir !

Or, il n'y a pas de généralité dans l'abandon. On n'est pas obligé de faire tous pareil.

Ce qui peut nous aider le plus, c'est de rencontrer des aînés qui sont passés par des départs qui ressemblent aux nôtres, puis qui ont cheminé différemment. Ils nous encouragent. Ils sont nos supporters. Dans l'abandon, on n'est pas porté et c'est terrible.

Il faut croire dans l'unicité de l'histoire de l'autre, autant que dans son ADN.

Il y a des choses inscrites dans l'abandon qu'on ne sait pas gérer. C'est comme s'il y avait des personnages en nous qu'on ne connaît pas. On sent leur présence sans pouvoir les voir, on est lié et relié à eux, tout s'emmêle. Accompagner celui qui a subi l'abandon, c'est l'aider à démêler son histoire pour le rendre libre d'innover.

Dans la naissance il y a une transmission. Dans l'abandon, il n'y a ni transmission, ni complicité, ni souvenirs ; il y a l'imaginaire. L'imagination, c'est ce qui rassure l'enfant abandonné. C'est ce qui lui donne des habits pour compenser le froid qui ne le quitte pas. C'est comme un être tout nu qui s'habillerait mal avec le peu qu'il a.

Quand un enfant sent que ses parents sont fiers de lui, il peut grandir.

Si personne n'est fier de toi, tu es recroquevillé sur le petit peu que tu sais de ton histoire.

Quand je voyais que les autres enfants avaient tous les jours quelque chose à raconter, pour arriver à survivre face au vide, je me raccrochais à l'image lointaine de la tapisserie qu'il y avait dans ma chambre, chez ma tante. Un paysage de chasse, des cerfs, et j'avais besoin, dans mon intérieur, de me rapprocher indéfiniment de l'image et de m'attarder sur tous les détails de la tapisserie. Cela influençait mes dessins, spécialement à chaque période de fête. C'était une façon imaginaire de donner la main à ma famille qui me manquait.

Quand les autres recevaient des lettres, je sortais pour essayer de sentir l'odeur des feuilles mortes, des arbres, de la terre qui avaient supporté mes premiers pas chez ma tante. C'était un peu comme si c'était la seule chose qui me restait de ma famille.

Ces beaux détails deviennent la base d'un passé qu'on imagine. De mauvaises images te reviennent sans cesse. Du coup, tu développes une histoire à partir de l'image pour pouvoir la supporter.

Toutes les nuits le même rêve revenait, plein de sang, où je courais pour échapper à ceux qui voulaient me tuer et je mourais de douleur. Chaque soir, pour arriver à m'endormir, je me disais que dans mon rêve je gagnerais. À cause de cela, j'avais peur de m'endormir.

C'est pourquoi, chez un enfant abandonné, il y a parfois des illogismes dans les récits de sa vie. Son imagination a construit une logique de survie.

Celui qui a une famille est comme un jardin qu'on entretient. Celui qui n'en a pas est aussi un jardin qui a de beaux fruits et de belles fleurs, mais qu'on ne les voit pas parce qu'ils sont recouverts d'herbes folles et de ronces.

Voyage au pays du grandir

Il y a dix ans, on me faisait rencontrer les classes de lycée. Puis, on m'a demandé pour les troisièmes. Et maintenant, régulièrement, on me demande pour les plus jeunes. Je n'aime pas car j'ai peur de les choquer. Mais hélas ! de plus en plus d'enfants et de plus en plus jeunes vivent des choses qu'ils ne devraient pas connaître.

Un jour, je reçois une lettre d'une enseignante du collège Édouard Vaillant de Gennevilliers, établissement classé en ZEP, sensible, violent.

Depuis l'émission de télévision avec Mireille Dumas, madame Horri n'a qu'une idée : faire étudier mon livre-témoignage *Plus fort que la haine* aux enfants de sa classe. Si Tim, l'enfant des coups, de la maltraitance, s'en est sorti, pourquoi pas les jeunes de banlieue ?

Il faut deux années à madame Horri pour obtenir que ce livre soit étudié par ses élèves. Faisant plein de démarches dans tous les sens, elle entraîne deux cents personnes dans son sillage. Ce qui lui donne cette force, c'est la certitude que mon histoire peut aider les jeunes à se mettre dans une dynamique de réussite.

Quand, enfin, elle peut faire travailler les élèves sur mon livre dans le cadre de l'étude du genre autobiographique, elle est bouleversée par leur comportement. Ils se mettent tous à aimer le français, la classe devient calme et laborieuse ; on se croirait au sein du comité de lecture d'une maison d'édition. Ils parviennent à travailler en groupe : du jamais vu !

Plusieurs autres disciplines sont dans la course. Entre autres la musique, car madame Horri nourrit un nouveau rêve : que ses élèves me rencontrent. S'ils travaillent bien, ils pourront enregistrer un CD. L'objectif : me convaincre de venir leur rendre visite à Gennevilliers.

En mai 2004, madame Horri débarque aux Presses de la Renaissance avec le travail de ses élèves et le CD, pour que mon éditeur me les transmette.

Je suis bouleversé par l'ensemble de leur créativité. Hélas ! coincé par mon emploi du temps, je ne peux aller les voir et je fais la surprise de leur téléphoner. Je les ai tous au téléphone, ému par chacune de leurs voix. Je les remercie pour leur beau travail et m'excuse de ne pouvoir être avec eux ; mais je leur promets de venir l'année prochaine.

Mais, fin juin, les élève de troisième quittent le collège pour le lycée ! Madame Horri ne s'arrête pas là. Elle gamberge tout l'été et, à la rentrée de septembre 2004, elle a un nouveau projet : ce seront les élèves qui viendront à ma rencontre, dans les Pyrénées !

En cette rentrée, le collège ouvre une classe de sixième UPI – unité pédagogique d'intégration – pour des élèves ultrasensibles, ultraémotifs, certains inhibés, avec des troubles d'apprentissage et des difficultés motrices. Avec leur enseignante, Sylvie Chavrot, et l'aide de deux assistantes, Sabéra et Ayouba, ils vivent une année extraordinaire, portés par le projet qu'ils baptisent : « Projet Tim Guénard, voyage au pays du grandir ». Ce titre explique tout. Venir à la rencontre de leur grand frère en quelque sorte, c'est, au-delà des progrès scolaires, un bond dans leur vie. Rencontrer un adulte-miroir qui est sorti de la galère après l'abandon et les coups de la vie, c'est toucher du doigt le fait qu'eux aussi peuvent y parvenir.

Conseil d'administration du collège, Conseil général des Hauts-de-Seine pour financer le voyage, l'équipe éducative ne recule devant rien. Pas de RTT, les trente-cinq heures volent en éclats.

La soirée de rencontre a lieu le 16 mai, à quinze kilomètres de chez moi. Les enfants sont là. Ils m'accueillent timidement. Mais, tout de suite, je me sens enveloppé par leur amour. Leur regard a cette belle lueur qui ne peut que faire du bien et du beau. Il y a seize enfants. Huit d'entre eux viennent de la sixième d'intégration et huit de troisième générale. Ces grands ont parrainé les petits tout au long de l'année, accompagnés de madame Horri, de madame Sylvie et de deux jeunes éducatrices.

Nous dînons ensemble, nous échangeons. Il n'y a pas de mots pour décrire cette rencontre qui restera gravée en moi. On se quitte avec le sentiment très fort d'appartenir à la même famille, celle qui tend toujours vers le mieux.

Le lendemain, ma femme Martine a la joie de les rencontrer à son pavillon où ils viennent la voir avant de reprendre le train.

Merci aux parents de chacun de tendre à toujours mieux les aimer. Merci à monsieur Bonté, le directeur, qui a accompagné favorablement cette initiative peu commune. Un mot aussi pour les grands de troisième. Je trouve très belle cette manière d'impliquer des élèves, que des plus grands aident des plus petits. Merci à eux aussi.

Vous faites tous partie des pionniers du IIIe millénaire.

Le Bâtisseur de vie

L'orphelin de Lettonie, d'Espagne, d'Italie, de France, c'est toujours un orphelin. C'est toujours un cœur unique.

Il y a partout des gens qui traversent des épreuves dont on aimerait les savoir épargnés. Qu'ils aient la chance de croiser des bras, des mains, des cœurs et des oreilles tendus ! Lorsque je vais les visiter ce n'est pas pour être plus malin qu'eux. C'est pour qu'ils puissent se dire : « Si Tim Guénard a pu s'en sortir, lui qui n'est pas plus malin que moi, alors moi aussi je peux sculpter mon destin et non le subir. » C'est le but du témoin : être un âne qui porte le beau mais qui n'est pas le beau. De cette manière, les gens simples peuvent s'identifier à vous et nourrir la prétention de se redresser, de se dire : « Moi aussi, je peux le faire. »

Ce n'est pas toujours facile d'aller dans les prisons, ce n'est pas toujours facile d'aller dans les orphelinats, d'aller à la rencontre des gens. Même si j'en caresse le rêve, c'est une démarche qui me demande une forte dose de volonté, et qui me plonge dans une rude bagarre intérieure. Mais lorsque je parviens à franchir la marche, à faire l'effort, alors je suis visité par des choses qui me chahutent.

En Belgique, je me rends dans une prison. En passant dans les couloirs, je croise un type, un prisonnier il me semble, qui m'arrête : « Je vous connais mais vous, vous ne me reconnaissez pas. Avec tout le monde que vous voyez, vous m'avez oublié. »

Il se trompe.

« Je me souviens de toi. Je t'ai vu à la prison de Saint-Hubert. Tu m'as parlé de ta fille. Comment va-t-elle aujourd'hui ? »

Le type me regarde, ses yeux s'emplissent d'humidité. Il ne parvient pas à réaliser que je ne l'ai pas oublié. Quand il récupère, il reprend la parole :

« Je suis là à cause de vous. »

Je suis scotché.

« Pardon ?

— Non ce n'est pas ce que vous imaginez. Maintenant je ne suis plus en prison. Je rentre dans les prisons pour faire comme vous, pour être un visiteur. »

Puis, il m'explique qu'il organise les « voyages ». Je ne comprends pas mais il poursuit. La sortie de prison doit être préparée comme un joli voyage. Il ne s'agit pas seulement de partir avec une voiture, mais il faut aussi penser à la roue de secours.

« Quand on quitte la prison il faut préparer sa sortie. Vous avez dit qu'il ne fallait pas retourner aux vieilles habitudes. Les vieilles habitudes, c'est aller revoir les anciens amis, avec qui on fait les anciens combattants et qui nous entraînent dans la rechute. Vous avez dit qu'il fallait, au contraire, se tourner vers ceux qui avaient été fidèles lorsque nous étions en prison. Ceux qui nous avaient écrit, qui étaient venus nous voir au parloir. C'est avec eux qu'il fallait entamer le projet de la sortie. Trouver un logement, un travail. Du coup, avec un autre copain, on a créé une association pour trouver du travail et du logement à ceux qui nous le demandent. »

Cette rencontre de hasard nous a profité à tous deux. Le gars et son pote pouvaient facilement entrer dans les maisons d'arrêt, mais certaines prisons leur restaient fermées. Il leur fallait une autorisation. Ce jour-là, je leur ai fait rencontrer les personnes qui pouvaient les aider. C'est par les rencontres que les choses se font.

C'est beau de voir qu'en revenant dans un pays on est étonné par des gens, surpris par leur changement.

Quand je vais dans les prisons rencontrer les détenus, je ne fais pas toujours connaissance personnellement avec chacun d'eux. Je n'ai, pour beaucoup, que le souvenir d'un visage anonyme. Ce qu'ils peuvent retirer de mon témoignage, je l'ignore et, sans doute, je l'ignorerai toujours. Cette fois, cependant, pour Arvidass, je l'ai su.

Je suis de retour en Lettonie. À nouveau pour des conférences. Je suis aussi invité à visiter les prisons. Je l'ai déjà fait dans ce pays. Mais comme je suis étranger, j'ai besoin d'être secondé et guidé.

On me confie à un jeune garçon : Arvidass. C'est lui qui m'accompagnera dans mes visites. Son visage est balafré, tout couturé. Je n'ai jamais vu un truc pareil. Mais son regard bleu, limpide, le transfigure au point qu'on ne remarque plus ses blessures. Il bouillonne de vie. Il ne cesse de rire et de laisser éclater sa joie. Parfois, je me dis qu'il est sur des ressorts.

En voyant ses cicatrices, je me fais cette réflexion : « C'est un petit dur qui s'est retrouvé dans de mauvaises bastons. » Je suis loin de la réalité et, quand il me raconte son histoire, je reste sur le cul.

D'abord, toutes ces balafres ne viennent pas de bastons. À l'âge de quatre ans, il est tombé dans une moissonneuse-batteuse. On a pu l'en extraire, mais il était dans le coma, déchiré de partout, sur le visage, le ventre, le dos.

Hospitalisé, il s'en remet. Malheureusement, contre-coup, il ne tient plus en place. Il n'arrive pas à concentrer son attention, il se disperse. Du coup, sa scolarité n'est pas ce qu'elle devrait être et il se retrouve dans la rue pour étudier à l'école de la vie. Mais là aussi, ses stigmates lui jouent un mauvais tour. Objet de moqueries et de méchancetés. Pour se protéger, il développe l'instinct de défense le plus primaire : la violence.

Grâce à elle, ceux de son âge le laissent tranquille, mais les plus vieux s'intéressent tout à coup à son sang chaud et il entre en stage de délinquance. Il réussit si bien qu'il se croit intouchable, jusqu'au jour où il tombe. Jugement. Il est envoyé entre quatre murs.

C'est là que je l'avais rencontré, pour la première fois.

Ce jour-là, lorsque j'étais reparti, un peu groggy comme chaque fois que je sors d'une prison, lui aussi était sonné, retourné, mais je ne le savais pas.

Il a fini son temps en mûrissant sa décision de changer de vie et, lorsqu'il est sorti, il est retourné directement chez lui, dans sa famille, dans son vieux quartier, bien décidé à faire bouger les choses.

Il a commencé à prendre à part tous les jeunes qu'il voyait boire et fumer pour les engueuler, leur expliquer qu'ils allaient devenir des petits voyous ou des épaves. Il leur a dit qu'il fallait faire du sport. De la boxe évidemment, puisqu'il s'inspirait de mon parcours. En quelques jours, il a mobilisé tous ces gosses de la cité. Ils ont trouvé une salle : une cave. Il fallait l'aménager et ils n'avaient rien pour cela. Ils auraient pu prendre, se servir, d'autant que, tout près, se trouvait un immeuble en ruine. Le dévaliser n'aurait rien eu d'extraordinaire. Mais Arvidass avait changé dans son cœur et même cela, il ne voulait pas le faire. Alors, il a demandé la permission aux autorités. Et... elles ont accepté. Il est dit : « Demande et tu recevras » ! Ce ne sont pas des paroles en l'air. C'est ainsi qu'en toute légalité ils ont pu retaper leur cave avec les briques du bâtiment en ruine. Quand ils ont mis les posters et les miroirs, ils ont eu une bonne rigolade en se rendant compte que leur mur n'était pas droit. Mais ils étaient tellement heureux d'avoir été jusqu'au bout pour avoir leur salle à eux !

Pour les appareils de musculation, ils se sont débrouillés : des jerricans remplis d'eau, tenus par un tuyau de chauffage pour faire les haltères, des câbles pour cordes à sauter. Avec la récup', ils ont monté leur salle de boxe dans leur quartier. Quand la salle a trouvé sa vitesse de croisière, il a cherché d'autres activités pour éviter de traîner dans la rue.

Les choses parfois sont bien faites. Arvidass, qui voulait suivre mon exemple, a rencontré mon ami le frère Élias qui l'a surnommé « le Bâtisseur ». Lui que la foi avait visité, il a découvert un moine le comprenant et qui, en plus, n'hésitait pas à mettre les gants de boxe. C'est ainsi que nous avons pu nous retrouver.

Un cadeau pareil, ça se déguste. Mais qui remercier ? Le grand cœur d'Arvidass qui avait accompli tout ce chemin, le frère Élias pour son engagement qui avait permis que l'on soit réunis, ou le Big Boss dont les fantaisies me surprennent toujours ?

Ce que l'on dit, ce que l'on fait, ce que l'on est, est beaucoup plus important qu'on ne le pense. Un mauvais regard, une mauvaise intonation, c'est le début d'un coup de boule, c'est donner la main à la violence. Un joli regard, c'est le début de l'amour. Et les deux vont fleurir : buisson d'épines ou bouquet de fleurs.

Le beau ne s'invente pas. On l'imite, on le vole, on l'essaie en cachette puis on le fait sien. Ce que ce garçon m'a emprunté, je l'avais moi-même volé, pris à d'autres.

Il m'avait découvert sans que je le sache, par mes livres, mes témoignages. J'ai appris à le connaître pendant mon séjour. Maintenant il fait partie de ceux qui me sont chers. J'aime ces vies blessées qui ont su se cicatriser pour courir vers les autres et les empêcher de se blesser à leur tour.

Entraîné sur la pente

Je rencontre de plus en plus de gens qu'une rupture, dans la vie de famille, a détruits ou abîmés. Et souvent, quand ils me racontent leur histoire, je me rends compte que les problèmes qu'ils affrontent viennent de ce que, à un moment précis de leur vie, ils n'ont pas été accompagnés. On oublie trop qu'une rupture, c'est un choc, un ébranlement. Quand un couple se déchire, l'unité ancienne se défait et chacun se replie sur soi avec son manque, ses blessures. Les paroles deviennent des coups de couteau. Chacun s'installe en lui-même, certain de son bon droit mais incapable de reconnaître le droit de l'autre. Puis vient le moment de passer devant les services sociaux, devant le juge. Et là, ça se corse. On est à fleur de peau. La moindre contrariété devient une injustice insupportable. Dans le couloir, en attendant, on ressasse son histoire, passe et repasse dans sa tête toutes ses raisons, tous ses arguments. On déborde, on ne peut plus contenir le cri qui monte en nous. On se présente devant le juge tendu comme un arc. On l'écoute. Il a une expression malheureuse : on explose. Tout sort d'un coup, en vrac, dans la véhémence, la violence. Et c'est trop tard. Des mots, des gestes nous ont échappé et l'on est catalogué comme violent. Bien sûr, cela ne devrait pas arriver. Mais songe-t-on assez à ce que signifie le fait d'être jugé ? C'est quelque chose de terrible. Quand on est jugé, on est mis à l'écart de la vie. L'avenir est suspendu. On verra ça plus tard, après le jugement.

Beaucoup d'histoires ressemblent à celle de ce père qui, pour avoir pété les plombs une fois, a tout perdu. Il avait une femme, des enfants, un travail. Personne n'avait eu à se plaindre de lui. Puis un jour, retrait de permis, infraction... Sans voiture, il ne pouvait plus travailler. Il s'est mis à boire, est devenu susceptible, irritable, très difficile à vivre. Comme il n'y avait plus de communication dans son couple, qu'ils ne retrouvaient plus le contact, sa femme, épuisée de constater qu'il n'évoluait pas, a entamé une procédure de divorce. Lui qui n'allait pas bien, se trouve jeté en plein déchirement familial, avec les enfants au milieu. Pour arranger les choses, l'avocat de sa femme en rajoute sur le portrait qu'il dresse de lui. Elle ne lui a pas demandé de le faire, il en a pris l'initiative. Il cherchait probablement à servir les intérêts de sa cliente. Mais, parfois, le coût d'une victoire est si lourd qu'on se demande si elle en valait la peine. En tout cas, cet homme déjà extrêmement tendu ressent une profonde injustice à se voir traiter ainsi et il pète les plombs. Cela arrive parfois. Dans une maison, lorsque les plombs sautent, c'est que le circuit est en surcharge. Mais ça se répare. Pas besoin de refaire toute l'installation. Il suffit de changer un plomb et de modifier les kilowatts pour éviter la surcharge. De même, ce n'est pas toute la personne qui est mauvaise, ce sont quelques réactions de surcharges qui sont à prendre en considération pour les modifier.

Quoi qu'il en soit, il écope de trois mois de prison. C'est long pour quelqu'un qui n'a rien à voir avec le monde de la délinquance. C'est aussi le temps, pour lui, de penser à sa violence et à ses conséquences. Lorsqu'il sort enfin et qu'il veut revoir ses enfants, on l'en empêche. Il va devoir attendre la décision d'une commission qui jugera de son état psychologique. Cela devra durer six mois. Six mois pendant lesquels, bien sûr, il n'est pas autorisé à voir ses enfants. Il accepte malgré tout. Il se plie aux exigences de la justice. Il sait qu'il doit faire des efforts pour montrer son vrai visage.

Ces six mois sont difficiles, parce qu'il est seul sur ce chemin où, constamment, on lui demande de se justifier, de prouver qu'il peut être un bon père. Lorsque, enfin, l'échéance arrive, au bout de ses efforts, il attend avec impatience le jugement. Malheureusement, pour des raisons administratives, celui-ci est repoussé. Il faut encore attendre trois mois. Coup dur. Mais il est résolu à aller jusqu'au bout. Alors, il prend sur lui. Trois mois s'écoulent. Devant le juge, il se dit que cette fois c'est la bonne. On va prendre une décision qu'il espère favorable. Eh bien non ! Pour des raisons qui lui échappent, la décision est de nouveau repoussée à plusieurs mois. À cette nouvelle, il explose. Verbalement. Il se lâche, il fait sortir toute cette colère qu'il avait entrée en lui, toute cette impatience de retrouver ses enfants. Quoi ! Il a fait tout ce qu'on lui demandait pour rien ! Lui, le coupable, a tenu sa parole, tandis que la justice, elle, s'autorise à ne pas tenir la sienne ! On ne le respecte pas ! Il dit cela et d'autres choses encore, mais avec violence, véhémence. Et là, savez-vous la seule chose qu'on lui répond ? « Vous voyez, monsieur, que vous êtes violent » !

Combien sont-ils à avoir connu ce parcours ? Combien, parmi ceux et celles que la rue a avalés et qu'on appelle les cloches, s'y sont-ils retrouvés à la suite d'une histoire semblable ?

Je sais combien la justice peut intimider ceux qui y sont confrontés. Il n'y a pas de milieu social qui tienne. D'où qu'on vienne, devant un juge, une autorité, on se sent tout petit. Même quand on n'a rien fait, on se sent fautif et on est sur la défensive. Dans ces conditions, c'est une simple question de bon sens, lorsqu'on se trouve pris dans la machine judiciaire, il faut d'abord s'entourer d'amis, être accompagné. Dans le couloir, en attendant le juge, au lieu de faire monter la mayonnaise seul sur son banc, il faut être en compagnie d'un ami auquel on pourra parler, vider tout son surplus. Sur la route, il y a des panneaux de signalisation : nid de poule, virage, dos d'âne. Certains pètent les plombs avant que le juge ait fini. Il faudrait des médiateurs pour les avertir des sinuosités des procédures de la vie. Il est important aussi que les services sociaux, les juges, aillent au-delà du premier regard, de la première impression.

Que sait-on des vies sur lesquelles on doit trancher ? Connaît-on les détours, les malheurs qui les ont tissées ?

Un regard généreux qui sait trouver le beau même dans un dossier sale, une attention délicate aux personnes, aux histoires : voilà les ferments de l'espérance et de la vie ! On parle toujours de ceux qui font le mal, jamais de ceux qui y poussent, qui y « abonnent » : car quand on dit et répète à quelqu'un qu'il est violent ou voleur, s'il avait un penchant pour cela, on le confirme dans cette voie. S'il ne l'avait été que par accident, on le persuade que c'est dans ses gènes. Au lieu de donner une chance de revenir à la vie, on enferme dans le mal. Quand on passe en jugement, on peut conserver l'espoir de voir son bon droit reconnu. Mais l'espoir n'est que le petit frère du désespoir. Un juge humain qui sait voir le beau au-delà des apparences est un gage extraordinaire d'espérance.

Le Big Boss ne nous attend pas dans un tribunal, armé de la sanction. Quand il entre dans les cœurs, ce n'est pas une descente de police. Il nous attend comme un père : quoi qu'ils aient fait, il aime toujours ses enfants.

Ne jugeons pas !

Tout cela me fait penser à une histoire.

Une femme a commis une faute aux yeux de la société. Il y a des gens qui savent tout. Ce qui est bien, ce qui est mal. Du coup, ils amènent cette femme et demandent à un type qui s'appelle Jésus : « Elle a fait ceci, elle a fait cela ! Qu'est-ce qu'il faut lui faire ? »

Lui, il flaire le piège. Souvent les gens qui veulent le mal envoient les autres en émissaires. Ils n'osent pas se mouiller. Ils préparent leur défense : « C'est pas moi. » Lui, il voit le piège et leur dit : « Que celui qui n'a jamais fait de conneries dans sa vie prenne le caillou qui est à ses pieds et le lui jette. »

À ce moment, les plus vieux se cassent en premier. Les jeunes, qui restaient, se regardent comme des idiots. Ils voient partir les vieux. Du coup, ils se cassent eux aussi.

La femme n'a pas bougé. Elle garde la tête baissée. Elle sait qu'il reste une personne qui peut encore la juger, et elle attend. Mais lui, voyant sa gêne, la questionne : « Où sont-ils passés ? »

Comme on lui pose une question, elle est obligée de redresser la tête, de regarder à l'horizon et de répondre : « Je ne sais pas. »

Voilà, ça suffit. Maintenant, le Nazaréen va vers elle, il la redresse, pose son regard sur elle et lui dit : « Tes péchés te sont pardonnés. Va en paix. »

Il lui fait confiance.

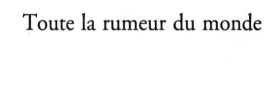

Toute la rumeur du monde

Témoigner, ça n'a pas été spontané pour moi.

Je crois qu'à l'origine, il y a ma visite à Marthe Robin. C'est là, au cours de la dernière soirée de la retraite que nous avons faite avec Martine à Châteauneuf-de-Galaure, au début de notre mariage, que pour la première fois, je me suis retrouvé à témoigner. Puis silence durant douze ans.

Pendant nos douze premières années de mariage, lorsque je suis resté solitaire, silencieux aux yeux des autres, je murmurais les stigmates de mon passé au cœur de mon épouse. J'ai eu besoin de les murmurer longtemps. Elle m'a écouté de longues heures. J'ai, parfois, volé du temps de sa présence de mère auprès de nos enfants. Mes plaies ouvertes m'ont aussi fait crier. Grâce à l'amour inlassable de Martine et de nos enfants l'apaisement a pu grandir. J'ai pu écouter les murmures et, peu à peu, les cris des autres.

Puis, un jour, j'ai accepté de parler dans une émission télévisée consacrée au pardon. Ce jour-là, quand j'ai raconté un peu de ma vie et parlé de mon pardon à mon père, les gens ont été touchés. Je ne m'y attendais absolument pas. Trop privée, une vie ! Et la mienne, en plus, avec toutes ces blessures dont j'essayais, depuis douze ans, de me libérer…

De ce jour, les demandes de témoignage ont commencé.

Mon ermitage

Un jour, c'était au début de mes témoignages, je devais intervenir au cours d'un concert. J'étais arrivé le soir tard. Pas d'hôtel, pas d'amis. Une seule solution : dormir dans la voiture. J'avais emprunté l'AX de ma femme. Pour rouler, ça allait. Pour dormir, c'était pas terrible.

Au matin, je me fais réveiller par des motards. En voyant ma carcasse s'extraire péniblement de la voiture où je viens de passer la nuit, ils sont étonnés. Ils le sont encore plus le soir quand je monte sur la scène et qu'ils entendent mon intervention. Ils sont étonnés et, je crois, touchés par ce que je raconte. En tout cas, ces motards qui ne partagent pas ma foi se disent : « Il faudrait aider Tim, il faudrait qu'il ait une camionnette. » Et comme cela, par pure générosité, ils décident de se cotiser pour transformer leur idée en réalité.

Dans les jours qui suivent, je fais un rêve. J'imagine comme ce serait bien d'avoir une camionnette fermée, du type Volkswagen. Au matin, quand je me lève, j'ai pris ma décision. Je vais m'en acheter une d'occasion. Pour assurer mes arrières, je mets une photo de VW sous les pieds de la sainte Vierge et je m'adresse à elle en ces termes : « Tu te débrouilles comme tu veux, mais, s'il te plaît, trouve-moi un VW comme celui-là, pas trop cher et en bon état. »

L'idée trotte dans ma tête. Je regarde ici et là s'il n'y a pas de Volkswagen à vendre. Un jour, je dis à ma femme : « Il faut que j'emprunte de l'argent à la banque pour acheter une camionnette d'occasion. »

Mais elle m'attrape le bras. « Non, non ! Surtout pas ! »

Elle savait le projet des motards et qu'on allait m'offrir une camionnette pour mon anniversaire. Elle me l'avait caché pour m'en faire la surprise. J'apprendrai par la suite, que ne pouvant, malgré leur bonne volonté, réunir la somme nécessaire à l'achat du Volkswagen, ils avaient trouvé un mécène anonyme qui l'avait offert. Merci à eux et à lui. En attendant, je réfrène mon élan, abasourdi tout de même, et je patiente jusqu'à la venue de mon anniversaire.

C'est une des rares fois où j'ai attendu cette date sans angoisse. D'ordinaire, mais cela vient de mon enfance, elle m'est toujours pénible. Même dans ma famille, même dans ma nouvelle vie, même aujourd'hui avec les années, je ne peux, en ces occasions, empêcher mon passé de venir me chatouiller la mémoire. Les anniversaires, les Noëls, chez moi, sont toujours des moments d'angoisse. Ma mémoire revient et, dans mon cœur, ça chahute. À cause de mon passé qui s'invite, je suis là et je ne suis pas là.

Mais l'angoisse n'attend pas les dates officielles pour venir nous chatouiller. Elle a ses propres dates d'anniversaire. Au jour dit, elle se manifeste, en ravivant les éraflures. Au début, on n'y prête pas attention. Alors, l'année suivante à la même date, elle revient en tapant plus fort à la porte. Si on ne fait rien, elle revient et revient fêter ses dates, jusqu'au jour où elle n'a plus besoin de dates d'anniversaire pour s'inviter parce qu'elle est installée dans la place. C'est ainsi qu'on tombe dans l'alcool, la violence, la boulimie, l'anorexie, l'envie de suicide et bien d'autres choses.

Finalement, la camionnette arrive à la ferme. C'est celle dont je rêvais, exactement, à la différence qu'elle est neuve !

Cette camionnette, je l'ai surnommée Lucky Luke, parce qu'elle est apparue plus vite que son ombre, et qu'il y a un point commun avec le prénom de son donateur. Elle est, pour moi, un immense cadeau.

D'abord, c'est mon refuge, l'endroit où je ne suis pas dérangé. Si je devais voyager autrement, comme il m'est arrivé de le faire, par exemple prendre le train, l'avion, puis me faire accompagner en voiture, je me retrouverais à devoir parler, écouter. Du coup, je n'aurais pas le temps de me ressourcer. C'est pareil lorsque vient le soir. Si je devais dormir chez les gens – comme souvent, gentiment, on m'y invite –, je devrais attendre qu'on m'installe. Et, bien sûr, écouter, répondre. Et j'ai tellement peur de déranger. Grâce à ma camionnette, je peux me retirer quand je le souhaite. Je ne me sens pas mangé et je ne crains pas de gêner. C'est vrai, les gens sont surpris. Ils m'ont préparé une chambre confortable, avec un bon lit, et je vais dormir dans mon VW ! Mais comme j'ai vécu dans la rue, pour moi, ce n'est pas un problème. Quand je me déplace avec un jeune, c'est lui qui dort dans la chambre. Je suis heureux que cela profite à quelqu'un qui n'a jamais su ce qu'était une jolie chambre préparée avec amour.

Dans ma camionnette, je jubile. Comme il n'y a pas de fenêtre à mon VW, je peux me garer n'importe où. Souvent, je m'arrête à côté d'une station-service. Le matin, j'ai mon café chaud pour un euro à la machine et la douche à portée de la main. C'est mon Hilton à moi.

Ma camionnette, c'est l'endroit où je suis seul, où je peux prier, dire mon rosaire, demander de l'aide à la bande du Big Boss.

Souvent, sur la route qui me conduit vers une conférence, j'ai la trouille. Je voudrais bien faire demi-tour, rentrer à la maison, retrouver ma famille. Alors je demande à tous ceux qui sont concernés, les anges et les saints de chacun de ceux que je vais rencontrer, de m'accompagner, de combler mes vides. Les saints auxquels je m'adresse, ce ne sont pas ceux qu'on trouve dans le calendrier des hommes, qui est tout petit, mais ceux qui sont inscrits dans celui du Big Boss, qui est immense : un papy, une mamie, une tante, un frère partis trop vite ou encore des enfants extrêmement désirés mais qui, à cause d'une fausse couche, n'ont pas pu montrer leurs petits visages. Pour moi, toutes ces personnes sont des saints et ce sont eux qui peuvent m'aider à trouver les mots, les attitudes, les gestes qu'il faut. Je leur demande de venir m'entourer devant, sur les côtés et derrière. Ils me secondent encore par la suite pour supporter toutes les souffrances qu'on me livre. Les confidences, je ne les garde pas pour moi, je les rends immédiatement à toute la bande qui m'a escorté. Sachant que je n'ai pas de baguette magique, je sais qu'eux pourront mettre les bonnes personnes sur le chemin de ceux qu'ils continuent d'aimer.

Ma camionnette, c'est mon ermitage, ma cabane sur quatre roues. Pour moi, c'est une délicatesse du Big Boss. Le cadeau de personnes qui ne sont pas des piliers de la foi mais qui rendent Dieu vivant dans des actes concrets. Quand je prends le volant, j'ai toujours un sourire en pensant que ce sont des non-croyants qui ont pourvu aux conditions matérielles de mes témoignages.

En boîte de nuit !

Je dois me rendre en Autriche pour témoigner. Trop loin pour la camionnette. Je prends l'avion.

Comme d'habitude, je n'ai rien préparé. Je ne témoigne que parce qu'on m'invite à le faire. Du coup, je n'anticipe pas, je ne demande rien, je me laisse guider. Je ne suis qu'un serviteur. Je vais où l'on me dit d'aller. Mon rôle n'est pas de me mettre en avant mais, au contraire, de m'effacer pour laisser la grâce passer. Seulement, cette fois, je suis un peu inquiet. J'ai loupé ma correspondance à l'aéroport de Roissy et s'il n'y avait eu quelqu'un pour me reconnaître par hasard et m'aider, je ne serais sans doute jamais arrivé à Vienne. Quand l'avion se pose, j'ai plusieurs heures de retard et il fait nuit.

Les personnes qui viennent me chercher ne s'en formalisent pas. On me présente mon traducteur : Andreas de Habsbourg. Sur le moment, je ne fais pas attention. Je salue le jeune homme très distingué et souriant en m'excusant pour mon retard. Ce n'est pas grave, me dit-il, mais il n'y a pas de temps à perdre. On me met dans une voiture, direction ma conférence, en plein centre de Vienne.

Je m'attends à une salle avec des chaises et une estrade, mais on m'entraîne dans un souterrain. Nous descendons dans des caves pour aboutir... dans une immense boîte de nuit ! C'est noir de monde. Sur la scène, un orchestre de rock qui joue à fond. Dans la salle, des gens qui boivent, parlent, fument, dansent. Étant étranger, je ne comprends pas ce qu'on fait là. Pourquoi passe-t-on là avant la conférence, alors qu'il est déjà tard ? Venons-nous chercher quelqu'un ? Mais mon traducteur m'explique que ma conférence a lieu ici. Je suis au pied du mur.

À ce moment-là, quatre types font irruption dans la boîte. Je sens l'ambiance changer d'un coup. Leur apparition jette un froid. Manteaux de cuir, crânes rasés. Des néonazis ! Je les regarde faire. Ils savent qu'ils font peur et ils en jouent. À cet instant, le chanteur du groupe rock se tourne vers moi et me tend son micro. À mon tour !

Sur la scène, la fumée pique mes yeux. Le nuage est si dense qu'avec la lumière des spots je vois à peine les gens attablés. Mon intervention sera accompagnée, tout du long, par une musique d'ambiance. Au début, les gens m'écoutent à peine. Mais petit à petit, ils me prêtent attention. Même les néonazis, bien obligés de faire comme les autres. Tandis que je témoigne, mes accompagnateurs me font des signes. Ils me désignent une jeune femme dans la foule, mais je ne comprends pas ce qu'ils veulent me dire. Ce n'est que lorsqu'on me la présente, à la fin, que j'ai l'explication. Cette jeune fille, droguée au dernier degré, s'était plusieurs fois taillardé les veines. Et, tandis que je parlais, elle écrivait ce que je disais, au stylo, sur ses bras couverts de cicatrices : « Je ne suis pas sur terre pour reproduire mais pour innover. » « Je suis unique, autant que mon ADN. »

Mon témoignage fini, je descends de scène et

la boîte reprend ses droits. À ce moment, le chef des néonazis s'avance vers moi. Il se plante devant moi et me dit : « Ma vie ne sera plus jamais la même. »

Puis il s'écarte, l'air embarrassé, comme quelqu'un qui est mal dans ses pompes. C'est au tour de son bras droit. Lui aussi veut me parler. Il a du mal. Finalement, il articule cette phrase que j'ai souvent entendue : « Je dois changer, mais je ne sais pas si j'y arriverai. »

Ils s'éclipsent et se mêlent à la foule, devenus soudain des consommateurs normaux. Pour marquer le coup, un troisième de la bande interpelle mon traducteur, Andreas de Habsbourg : « Tu es son chauffeur ? »

Mon traducteur acquiesce sans broncher. Le jeune néonazi lui donne alors une tape dans le dos : « Viens, je t'offre une bière. »

Il ignorait qu'il s'adressait à quelqu'un d'une grande famille autrichienne, mais moi, je le savais. Sur l'instant, j'ai souri intérieurement de la situation. Mais j'ai été et je reste très impressionné par l'humilité de cet homme qui acceptait sans aucune réticence de se faire passer pour mon chauffeur et de trinquer avec ce garçon. J'ai découvert un vrai cœur de prince dans sa simplicité !

Cette expérience m'a marqué pour une autre

raison. Elle m'a rappelé qu'il n'y avait pas de lieux ni de catégories sociales privilégiés. Partout où l'on va, on croise la souffrance. Si l'on rencontre des gens avec son cœur, même si on ne parle pas la même langue, elle peut s'exprimer et se sentir comprise.

Je venais de rencontrer des jeunes d'un quartier défavorisé de Marseille et je devais me rendre dans un collège chic. Tous enfants du gratin. Me voilà dans une immense salle, longue et haute comme une nef, assis sur un trône d'évêque pour débiter mon *speech*. Je me sens mal. Je me demande ce que je fous là. J'ai envie de me débiner. Les jeunes qui me font face sont d'un autre monde. Qu'a-t-on en commun ? Qu'est-ce qu'ils en ont à faire de ma vie dans la rue ? Je me sens si peu à l'aise que, pour parler, je descends de mon trône et m'assois par terre. À la fin de la conférence, une jeune fille vient me voir. Elle est canon. Je suis un peu sur la défensive. Qu'est-ce qu'elle va me raconter ? J'ai tort de nourrir de mauvaises pensées. Elle vient simplement me dire merci. Même si sa famille est très riche, même si elle ne manque de rien sur le plan matériel, même si le Big Boss l'a dotée d'une beauté et d'une grâce inouïes, elle souffre, elle est blessée comme le dernier des orphelins. Elle a attendu toute son enfance que son père fasse un geste, ait un regard pour elle. Il ne l'a jamais fait et ne le fera jamais parce qu'un jour il s'est suicidé. Depuis, son cœur souffre de la blessure à jamais ouverte de l'abandon.

Cette rencontre m'a bouleversé. Elle a secoué mes certitudes. Elle m'a ouvert les yeux et fait comprendre que la souffrance, comme la maladie, ne respecte rien.

Les feuilles mortes

Le Canada, c'est mon deuxième pays de cœur. Je suis toujours heureux de m'y retrouver.

Cette fois, je suis au Québec. C'est dimanche. On m'a invité, du côté de Sherbrooke, à rencontrer des jeunes. En arrivant, je découvre une foule immense qui me fout la trouille.

Mais j'ai encore un peu de temps. Avant mon intervention, il est prévu que je rencontre les organisateurs et les journalistes. Ça se passe dans une grande salle de sport. Il y a là des postes de télé qui marchent. En passant à côté, je jette un coup d'œil. Une journaliste est en train d'interroger une jeune femme.

« Pourquoi êtes-vous là ?

— Pour rencontrer Tim Guénard.

— Vous le connaissez ?

— Oui.

— Comment l'avez-vous connu ?

— Sur le trottoir. »

Devant l'écran, je reste médusé, pantois. Moi, je ne la connais pas, cette fille ! Je ne l'ai jamais vue. Qu'est-ce qu'elle raconte ? Qu'est-ce que c'est que ces carabistouilles ! Et je l'entends continuer :

« Un jour, entre deux passes, je suis allée voir mon frère qui venait d'emménager dans un studio. En entrant chez lui, j'ai été frappée par la photo d'un enfant sur la couverture d'un livre. Quand j'ai demandé à mon frère ce qu'était ce livre, il m'a répondu : "J'en sais rien, je l'ai piqué pour la photo." J'ai pris le bouquin et je l'ai lu entre les passes.

Ce livre a fait chavirer mon être. Je m'y suis reconnue et il m'a transformée. J'avais perdu le goût de vivre depuis que nos parents s'étaient séparés. Mon frère et moi avions été livrés à nous-mêmes. Moi, j'avais découvert les rencontres de la rue et la drogue qui fait voyager mais qui coûte un max. Mon mal de vivre grandissant, j'ai commencé les passes. Mon frère, lui, était rentré dans le business.

À la lecture de ce livre, mon cœur fut bouleversé. J'ai compris que je m'étais perdue dans ma souffrance, que j'avais choisi le chemin épineux de la destruction, que chaque jour je vomissais de désespoir et, dans un flash, j'ai su que je devais tout quitter. Comme Tim, j'avais envie d'autre chose.

Une force inconnue me poussait à dire non à ma vie d'hier et oui à celle de demain. C'était comme une certitude. J'avais l'impression que le Big Boss de Tim était avec moi. Alors, j'ai quitté le trottoir, la drogue. Je suis allée voir ma mère. On s'est parlé. J'ai repris mes études. J'ai cherché à rencontrer des personnes qui croyaient en Dieu et j'ai trouvé. Elles m'ont invitée, elles m'ont apaisée. Grâce à elles, j'ai découvert un sens à ma nouvelle vie et j'ai décidé de m'aimer comme j'étais.

Quand j'ai su que Tim Guénard passait par Sherbrooke, je suis venue pour le rencontrer. »

Une fois son reportage fini, la journaliste vient me présenter la jeune fille. Manon me parle beaucoup, avec son cœur. Je voudrais rester, l'écouter encore, mais je dois finalement la quitter pour monter sur le podium. Seulement, maintenant, je n'ai plus de crainte. Cette jolie rencontre m'a enlevé toutes mes peurs. Le battement de cette vie nouvelle m'a transformé. Il m'a donné du courage. Manon ne s'en est pas aperçue, mais elle a été un joli cadeau pour mon cœur.

En la quittant, je lui ai donné un livre pour son frère avec ce petit mot : « Merci d'être un bon frère. Tu es le premier voleur inspiré que j'ai rencontré. Ce livre piqué a sauvé ta petite sœur. Je te souhaite tout ce qu'il y a de plus joli dans ton devenir pour innover et rebondir. À bientôt. »

De retour en France, dans mes Pyrénées, je retrouve ma famille. La vie reprend son cours quand, un jour, je reçois un fax du Canada. C'est Yannick, le frère. Il veut me voir, me parler. On convient d'un rendez-vous pour la semaine suivante, à Paris où je dois me rendre.

À Paris, il est bien là. Il est tellement ému qu'il ne peut pas décrocher un mot. Alors on marche ensemble, en silence. Après ma conférence, lorsque je le retrouve, il est toujours aussi noué. Il s'excuse de ne pouvoir parler. C'est finalement quand je lui demande des nouvelles de sa sœur qu'il se libère, d'un coup.

« Le petit mot sur le livre m'a renversé. J'étais dealer, je ne me posais aucune question. À vrai dire, je ne parlais plus à personne. Ma vie était tout entière occupée par les bagnoles, les fringues, la vie nocturne. Le jour, j'attendais la nuit. Quand j'ai lu ton mot, la première fois, il m'a emmerdé. J'ai jeté le livre derrière le canapé.

Le lendemain soir, un coin du livre dépassait. Je l'ai pris, j'ai relu le mot et je me suis mis à pleurer comme un gosse. Je tenais le livre comme un con et je pleurais. Sans penser à rien je suis allé aux toilettes avec le livre et là, j'ai commencé à le lire et je n'arrivais pas à décoller du siège. Je suis resté la nuit entière. Je pleurais, je reniflais. Je voulais que ça ne s'arrête jamais. C'était la première fois que je lisais un livre en entier. Je me moquais des gens qui lisaient dans le métro.

Et tu sais quoi ? Je l'ai relu plusieurs fois et chaque fois je me suis senti groggy. Je suis même allé à la Trappe d'Oka pour marcher sur tes pas. Et moi qui n'aimais que la ville, le bruit, la foule, les magasins, je me suis surpris à aimer le silence des bois, à regarder le lac d'Oka et à le trouver beau. Je ne me reconnaissais plus. Là-bas, j'ai aussi rencontré un moine qui m'a beaucoup aidé.

Tim, ma vie n'est plus la même aujourd'hui, mais je ne sais pas comment lui donner un sens. »

Je lui ai demandé s'il n'y avait pas un métier qui l'avait fait rêver dans son enfance. On a tous des rêves, mais lui n'en avait plus. Je lui ai conseillé de fouiller sa mémoire. Dans le rêve d'un enfant se cache parfois une vérité.

Quand il est parti, Yannick avait les yeux comme des diamants.

J'ai rencontré bien des jeunes comme Manon et Yannick.

Il n'y a aucune raison pour que leur vie déraille puis, un jour, un accident, une blessure et ils quittent le chemin fréquenté pour s'enfoncer dans le bois de la misère.

La blessure est d'abord quelque chose d'extérieur. Si on l'invite, elle rentre au-dedans de nous et vient s'installer à demeure. Au début, ce n'était qu'une blessure. Maintenant que c'est là, ça devient une maladie qui empêche la vie d'affluer.

Les blessures qu'on reçoit sont un peu comme les feuilles mortes qui restent accrochées tout l'hiver à la branche. Il faudra bien qu'elles tombent pour laisser la place aux bourgeons. Ce n'est pas dire qu'en se détachant ces blessures seront oubliées, mais la vie ne s'arrête pas à une saison. Pour cicatriser, il est important de s'ouvrir comme les feuilles d'un arbre. C'est le cycle de la vie. Un arbre qui n'accueille pas une nouvelle floraison se dessèche et finit par mourir. Pour les hommes, et surtout pour les enfants que la vie a meurtris, c'est exactement pareil.

Laisser tourbillonner le passé, c'est permettre à l'avenir de fleurir.

Une chaleur qui transforme

Ma femme Martine travaille depuis dix ans avec une autre Martine que j'ai connue lycéenne et qui a un très beau cœur. Elle est comme une petite sœur pour moi ; une petite sœur courage que la vie n'a pas toujours caressée.

À la mort subite de son beau-père et de sa mère, elle laisse tomber tous ses rêves d'études, de voyages, pour s'occuper, avec sa sœur aînée, de leurs trois petites sœurs. Elle n'a pas réfléchi longtemps pour trouver un travail dans une école afin que l'Assistance publique ne leur retire pas la garde des trois petites.

Merci au juge qui a respecté la fratrie et pris des risques pour ne pas faire voler en éclats l'amour de cette famille.

L'été, Martine venait comme bénévole au Pavillon des personnes handicapées. Et un jour, elle a quitté son travail à l'école pour le pavillon de l'Office chrétien des personnes handicapées à Lourdes, où elle s'est installée avec ses sœurs. C'est là, des années plus tard, qu'elle a rencontré Ladji.

Aujourd'hui, ils sont mariés et ont un beau garçon.

Parmi ses nombreux talents, Ladji a celui d'aller vers les personnes qui ont besoin d'être écoutées. Je l'ai vu, bien des fois, donner de grands temps d'écoute à des personnes de tous les âges. Cela me touche beaucoup et je trouve ça beau, venant du bagarreur qu'il a été.

Ladji est un Peul, né à Paris 20ᵉ, en 1980. Son père est né et a grandi au Burkina Faso et sa mère vient du Mali. Il est un enfant des 10ᵉ et 11ᵉ arrondissements, un enfant de Belleville, bercé dans un univers où de nombreuses communautés immigrées cohabitent et où chacun vit selon les langues, les couleurs, les odeurs, les rêves et les souvenirs de son pays. Dès son plus jeune âge, il sait très bien s'immiscer dans le groupe des ados pour devenir un enfant des métros, un enfant du rire et de l'amusement, mais aussi un enfant du vol et des mauvaises combines. Puis, à l'âge de dix ans, il déménage en Seine-et-Marne. Les choses ont véritablement changé là, à l'adolescence.

Il est issu d'une famille musulmane de six enfants. Ses parents pratiquent cette religion avec beaucoup de ferveur et d'amour. Ils ont bien essayé de la lui transmettre, mais il faut avouer que ce n'était pas vraiment sa préoccupation. Sa religion, c'était ses potes, la bagarre, l'indifférence, la violence : un esprit de mort. Il était toujours avec le même cercle d'amis, avec les mêmes

discussions fermées, les mêmes soirées qui se
répétaient entre la défonce et la console de jeu. Il
n'avait pas été attiré par la drogue ou l'alcool,
mais il portait en lui une violence particulière qui
le poussait sans cesse à se battre. Pour un oui ou
pour un non, il frappait les gens. Il voulait se
faire un nom. Il voulait que les gens le voient et
le craignent. Il ne supportait pas qu'on touche à
sa réputation et puis, il n'aimait pas qu'on le
prenne de haut, qu'on le regarde de travers... Il
arrivait qu'il frappe des personnes sans s'arrêter,
si bien que l'entourage devait intervenir pour les
séparer. Dans les établissements scolaires, il est très
vite devenu un élément perturbateur, un élève
indiscipliné. Avec ses redoublements, il a accu-
mulé d'énormes retards.

Ses parents avaient toujours rêvé d'envoyer
leurs six enfants en colonie de vacances, mais leur
manque de moyens les en avait empêchés.
Jusqu'au jour où son père rencontre un homme
très sympa qui lui dit qu'il emmène, tous les étés,
des jeunes en vacances dans les Pyrénées, à quelques kilomètres de Lourdes. Avec sa bonne
humeur, son esprit campagnard, son sens de
l'humour, sa générosité et ses anecdotes rigolotes,
il explique que sur les trois semaines de colo, il y
a une semaine de pèlerinage à Lourdes et deux
autres consacrées à la découverte de la montagne.
Avec beaucoup de délicatesse, il fait comprendre

à ce père musulman que ses enfants pourront faire autre chose durant le pèlerinage. Et il finit en précisant qu'en aucun cas l'argent ne doit être un obstacle. Face à cette bonté, le père de Ladji s'ouvre et accueille la proposition. Cet homme s'appelle le père Joseph.

Ladji découvre les montagnes avec beaucoup d'émerveillement et la colonie avec beaucoup de plaisir. Il y fait surtout une autre grande découverte.

Une nuit, ne parvenant pas à trouver le sommeil, Ladji sort pour s'aérer un peu et s'assoit à la porte de sa chambre. Il voit une porte s'ouvrir et un jeune garçon sortir, traverser l'allée, ouvrir la porte de la chapelle, y entrer, y rester une vingtaine de minutes, ressortir et retourner se coucher. Un quart d'heure plus tard, il voit une autre porte s'ouvrir, une jeune fille sortir, traverser l'allée, ouvrir la porte de la chapelle, y entrer, y rester une vingtaine de minutes, ressortir et retourner se coucher. Bizarre, bizarre ! Il retourne au lit, pensif. Le lendemain, à la tombée de la nuit, Ladji observe le même scénario. Et ainsi pendant plusieurs nuits. Alors, un soir, il se dit : « Ladji, va voir ce qu'il y a vraiment dans cette chapelle ! »

À son tour, il traverse l'allée, ouvre la porte de la chapelle et entre. Il n'y a personne, seulement quelques cierges allumés au fond, l'autel et, derrière, une grande croix. Il s'avance près de l'autel et s'assoit sur un banc. Il regarde partout. Il se rappelle que les gens ont des attitudes particulières dans les églises. Ils se recroquevillent légèrement sur eux-mêmes, ferment les yeux, joignent les mains et semblent attendre. Alors, cette nuit-là, dans la chapelle, il fait pareil. Il se recroqueville légèrement sur lui-même, ferme les yeux, joint les mains et attend dans cette position.

Il attend, attend, attend, attend, jusqu'à ce qu'une chaleur douce et une paix envahissent tout son corps. Pour la première fois de sa vie il se sent bien. Il sait qu'il vient de rencontrer, dans son intimité la plus profonde, le Big Boss.

Il se sent véritablement rejoint dans tout ce qu'il est, dans sa violence mais aussi dans le beau qu'il porte en lui mais qu'il ne voyait pas, et dans toute son histoire, celle de ses parents, l'Afrique... Dieu est devenu concret dans sa vie. Alors, il décide de le suivre sur un nouveau chemin.

Il garde son secret pour ne pas perturber ses parents. Mais, dans son rendez-vous quotidien avec le Big Boss, il se transforme peu à peu. Il découvre que, derrière les carcasses qu'il aimait tabasser, il y a des cœurs, que chacun a quelque chose à lui dire. Son regard sur les femmes change. Il s'intéresse à son histoire, pose de nombreuses questions à ses parents. Il se rapproche d'eux par la découverte de l'Afrique.

Il commence à avoir un objectif : devenir comédien.

Au lycée, alors que son orientation était compromise, un professeur de français, malgré ses sérieuses lacunes et son retard scolaire, voit en lui une motivation suffisante pour l'accompagner de très près. Il le défend auprès de l'ensemble des professeurs pour qu'il soit accepté en première littéraire, puis il prend de son temps personnel pour lui donner des cours particuliers. Le travail, la générosité exceptionnelle de ce monsieur font que, peu à peu, ses notes remontent. Il passe en terminale littéraire, ce qui est un miracle aux yeux de beaucoup, et réussit son bac.

Sa rencontre d'amour avec Dieu a tellement porté de fruits que son entourage a bien réalisé qu'il se passait quelque chose de beau et de sincère dans sa vie. Même si ses parents ne comprennent pas la foi chrétienne, chose qu'il ne leur demande pas, ils acceptent tout de même son changement positif et le bonheur qu'il vit.

« C'est tout ce que j'espérais », me confie Ladji.

Ladji, tu as réalisé ton rêve en devenant comédien, conteur, chanteur-compositeur. Merci à toi de m'avoir offert toutes ces choses intimes de ta vie et de m'avoir permis de les partager dans ce livre.

Ton histoire a des points communs avec la mienne : un mauvais départ, la rencontre de belles personnes, un prêtre, un professeur, l'étonnement devant le comportement des cathos, la découverte du Big Boss, une épouse super...

Ce que je veux crier par mes livres, Ladji, toi tu peux le chanter : l'homme peut changer.

Un gâteau grand comme un cœur

Le bon père Thomas Philippe, qui fut pour moi un véritable père et qui prophétisait qu'il faudrait bientôt des villages entiers pour accueillir les pauvres, s'était pris, vers la fin de sa vie, d'une amitié très profonde pour les pays de l'Est.

J'étais encore trop jeune à l'époque, j'avais encore beaucoup trop à apprendre pour mesurer à sa juste valeur cet engouement.

Sans doute en ai-je eu un avant goût lorsque j'ai rencontré Mareck. Je me suis senti immédiatement à mon aise dans cette tribu slave où il m'a introduit, comme chez moi. Nous venions d'un même univers de privations, nous avions les mêmes réflexes de débrouille et la même évidence dans le cœur : tous ces gestes de survie,

pour illégaux qu'ils soient, n'étaient pas immo-
raux. Ils ne contredisaient pas le bien.

Puis j'ai suivi la courbe de ma vie, avec ses
heurts et ses combats. J'ai conservé l'amitié de
Mareck mais j'ai oublié le monde slave qui avait
pointé le bout de son nez dans ma jeunesse.

Si je me suis retrouvé à franchir les frontières,
à passer l'ancien mur pour aller témoigner, c'est
dû à un concours de circonstances. Mais je ne le
regrette pas. En Lettonie, en Lituanie, en Croa-
tie, en Roumanie, en Russie, partout où je suis
allé, j'ai été émerveillé. Parfois, sur ces terres
lointaines, on me dit que j'ai un visage slave typique. Je ne sais pas si j'ai du sang russe, en tout
cas, je suis tombé en amour de ces pays.

Je suis persuadé qu'ils ont beaucoup à nous
apporter, notamment un sens très précieux de la
liberté et de la délicatesse. Cette délicatesse, on la
remarque chez les très pauvres. Quand tu es invité
chez eux et qu'on t'offre la soupe aux choux, tu
remarques que les pommes de terre, les carottes,
les navets, les poireaux sont coupés en minuscu-
les morceaux. Ce que tu ignores, c'est qu'il s'agit
là d'une attention toute particulière. Le soin
qu'on a pris pour couper les légumes te montre
que le plat qu'on te sert a été préparé avec amour
et que ta venue est tenue pour un cadeau. Quand
tu le découvres, tu te sens immensément honoré.

Au dessert, les graines de citrouille ou de courgette deviennent de magnifiques gâteaux.

Un tel accueil, qui vient du cœur, transforme alors le maigre repas en une véritable fête.

C'est peut-être en visitant ces pays que j'ai pris définitivement conscience que les petits gestes de la vie, ceux qui nous paraissent ordinaires, tellement normaux qu'on les regarde comme naturels, recèlent les plus belles perles. Ils sont pétris d'un amour discret, secret : le plus beau don qui puisse exister. Un don tellement gratuit qu'on ignore même qu'on le reçoit !

Je me suis donc retrouvé sans le vouloir à faire des tournées de témoignage dans les pays de l'Est. Cela s'est passé tout simplement. Il se trouve que mon livre ayant été traduit et édité dans ces pays, on m'a demandé, chaque fois, de venir à l'occasion de sa sortie. C'est ainsi que j'ai découvert cet univers qui m'était inconnu et que je suis tombé en amour avec ces nations.

Ma première expérience a eu lieu en Slovénie. En débarquant à Ljoubjana, je ne savais pas trop à quoi m'attendre. Je ne parlais pas la langue, je ne connaissais pas le pays. Bien sûr, il y aurait des traducteurs et les personnes qui m'avaient invité seraient à mes côtés pour me guider. J'avais quand même la trouille.

Cependant, devant le très bel accueil qui m'a été réservé, mes doutes se sont dissipés.

C'est au cours de ce voyage en Slovénie, que j'ai fait l'épreuve de la foule, la vraie foule. Je me souviens d'un après-midi, c'était dans une petite ville au nord du pays.

Pour l'occasion, la conférence est organisée dans l'immense cour d'un ancien monastère. Il y a quinze mille personnes ! Je me trouve sur une estrade, avec les micros et accompagné de mes traducteurs. Pourtant, malgré leur présence, je me sens tout petit. J'ai gardé de ce moment un souvenir précis, une petite chose qui reste dans mon cœur. Ce jour-là, en attendant mon tour, j'observe la foule. Elle est agitée, bruyante. Pendant que les groupes jouent ou quand les intervenants parlent, les gens discutent entre eux, se déplacent. Ils écoutent, mais ils font autre chose en même temps, si bien qu'il y a, dans la grande cour, une profonde rumeur. Je n'ai pas l'habitude de crier lorsque je parle. Je me dis que même avec les micros, ça va être difficile.

Quand vient mon tour, je prends le micro. Mais au lieu de commencer à parler, je regarde tous ces gens. Je ne peux pas m'empêcher d'être impressionné. Et, pendant que je regarde, j'entends un petit bruit régulier : « clac... clac... clac... » Je lève la tête pour en chercher la provenance. C'est le bruit d'un drapeau qui claque dans le vent. C'est à ce moment-là que je réalise. Cette foule, si bruyante il y avait cinq minutes encore, s'est tue. Son silence est si dense – un silence de quinze mille personnes – qu'on peut entendre un drapeau claquer au vent ! Je me mets à parler et jusqu'au bout je suis accompagné par le silence, tout mon témoignage ponctué par ce seul bruit : « clac… clac… clac… »

Lors de cette « tournée », j'ai été frappé par quelque chose que je devais retrouver dans tous ces pays. Quand, après mes interventions, les gens venaient me voir, ils me parlaient avec leur cœur. À tel point qu'ils faisaient abstraction du traducteur. Comme s'il n'était pas là. Ils ne le regardaient jamais. Ils s'adressaient à moi directement, en me fixant droit dans les yeux. Pourtant, ils me confiaient leurs souffrances, leurs blessures, parfois ils me racontaient ce que, peut-être, ils n'avaient jamais raconté à personne, des choses que même en privé, il est difficile de dire. Mais ils me parlaient, cœur à cœur, sans prêter garde au traducteur, et moi, c'était comme si je n'entendais plus la traduction, comme si je n'en avais plus besoin. Je comprenais ce qu'ils me disaient en suivant leurs intonations, les inflexions de leur voix.

Le jour du départ, je me retrouve à l'aéroport de Ljoubjana, baigné encore par l'atmosphère du pays que je viens de traverser. Je suis entouré d'amis quand, dans le hall, je vois une petite fille de douze ans s'avancer vers moi. Elle porte une espèce d'anorak, des grosses bottes maculées de terre et tient dans sa main une petite boîte qu'elle me tend. Je lui demande qui elle est. D'une petite voix elle me raconte.

Elle vient de faire douze kilomètres dans le froid et la neige boueuse de cette fin de mars pour m'apporter un cadeau que sa mère a confectionné. Elle me tend une petite boîte de margarine. Je l'ouvre. Dedans, il y a un minuscule gâteau fait de graines : sésame, seigle, etc.

« C'est pour vous et votre famille. Maman a mis des cuillères avec. »

Effectivement, il y a cinq petites cuillères en plastique, ces petites cuillères dont on se sert pour manger les glaces. Ce geste m'émeut au-delà des mots.

La maman de la petite fille élève seule ses enfants depuis le décès de son époux. Mais elle est pauvre, si pauvre que pour faire vivre les siens elle ramasse des cèpes dans la forêt, au petit jour, pour les revendre sur les marchés. Elle n'a pas d'autres ressources. Dans ce minuscule gâteau qui pouvait tenir dans le creux de ma main, elle a mis toute sa richesse. Ces graines qu'elle a mélangées constituent son trésor. Qu'ai-je bien pu faire pour mériter cela ?

L'enfant, un peu gênée dans cet aéroport, au milieu des gens qui m'accompagnent et qui la regardent, me salue fébrilement et repart. En la regardant franchir la porte vitrée, je sais maintenant qu'elle va à nouveau faire douze kilomètres pour rentrer chez elle, en passant par les champs pleins de boue et de neige fondue ! Je me sens tout petit, indigne d'une telle délicatesse.

À ce moment, l'un de mes amis sort une bouteille de vin. Encore un cadeau. Celui-là vient d'un couple que j'ai rencontré à Ljoubjana. Je prends la bouteille en le remerciant, mais au moment de la ranger je remarque des inscriptions sur l'étiquette. Quelques mots tracés à la main. Curieux, je demande ce qu'ils signifient. Ce sont les prénoms du couple qui me l'offre. Cette bouteille était un cadeau de mariage ! Ils l'avaient conservée parce qu'en Slovénie, le vin rouge est rare, c'est un luxe. Et voilà qu'ils s'en séparaient pour me l'offrir. Quand je découvre ça, je veux refuser. Cette bouteille est à eux, elle appartient à l'un des beaux moments de leur histoire, je ne peux pas l'accepter. Mon ami repousse ma main. « Surtout pas. Il faut la prendre. C'est leur manière de vous montrer à quel point vous êtes important dans leur famille. »

Voilà. C'était mon premier contact avec l'univers des pays de l'Est. Quand je suis rentré, quelque chose en moi avait changé. La rencontre de gens aussi beaux m'avait bouleversé et donné l'envie d'y retourner.

Quant au petit gâteau, j'ai bien failli le perdre en le laissant se gâter. En arrivant à la maison, je l'ai mis au réfrigérateur. Mais chaque fois que je le sortais pour y goûter, que je soulevais le couvercle de la petite boîte, quelque chose m'en empêchait. Je restais devant le gâteau, je le regardais comme une petite merveille, un cadeau inouï, et je le remettais en place sans y avoir touché. Il a bien fallu faire un effort. Car, enfin, ce gâteau nous avait été donné pour que nous le partagions en famille. Et la bouteille ? Elle est toujours chez moi. Je la garde précieusement.

Les frontières ne sont pas pour moi

Moi qui viens de la rue, je suis allergique à toutes les frontières, toutes les barrières, que ce soient celles qui prétendent séparer les races, celles qui opposent les classes sociales, ou même les barrières physiques qui délimitent les pays. Je

peux lutter, avec mes forces, contre les deux premières. Contre la dernière, je ne peux pas grand-
chose. Ce qui ne veut pas dire que je l'accepte.

Lors de mon premier voyage en Lettonie, au
moment de passer la douane, je me fais refouler.
Que se passe-t-il ?

« Votre passeport est périmé, Monsieur. »

Je vérifie. Il n'est plus valable depuis hier !
C'est tellement bête. Être arrêté si près du but. Je
ne peux l'accepter. Alors, j'insiste : « Mais enfin,
on m'attend ! »

J'exhibe mon emploi du temps. Dès le lendemain, je dois faire une intervention devant
l'Armée de terre lettone et, l'après-midi, je dois
visiter une prison.

« Enfin…

— Non. Rien à faire. »

Je me retrouve au poste. Le consul de France
avec lequel j'arrive à prendre contact accepte, très
gentiment, de me donner les documents néces-
saires. Son geste est inutile. Le responsable de la
Police de l'air, têtu et borné, ne veut rien savoir.
Je suis mis dans un avion en direction de Paris
avec escale au Danemark. J'ai les boules, je vous
prie de le croire. Mais je reste calme.

Au Danemark, deux heures d'attente. J'en profite pour me rendre au poste de Police de l'aéro-

port où j'expose mon problème. Bonheur, le chef du poste me comprend ! Il est tout le contraire de l'autre. Il m'écoute. Il se met en quatre pour moi. Finalement, il me donne le numéro de téléphone du consulat de France et m'autorise, gracieusement, à me rendre en ville. Je jubile.

Il est tard. Le consulat est fermé, mais ce n'est pas grave. Je prends une chambre d'hôtel tout à côté. Je pose mes affaires et j'entreprends de téléphoner à Martine pour lui donner de mes nouvelles, et au frère Élias pour qu'il contacte les organisateurs en Lettonie, afin qu'ils m'aident à régler cette stupide affaire. Quand je raccroche, je m'aperçois que la batterie de mon portable est morte. Galère ! Mes coups de fils ne font que commencer. J'attends que le frère Élias me rappelle, et d'autres personnes encore. Et je n'ai pas pensé à donner le numéro de l'hôtel. Ils n'ont que celui du portable. Il faut le recharger ! Je fouille dans mon sac. Zut ! Je n'ai pris que le chargeur qui se branche dans l'allume-cigare ! Et dans ma chambre d'hôtel, évidemment, il n'y en a pas. Mon inquiétude se transforme en panique. Je regarde mon portable. Il n'y a qu'une solution. Je descends dans la rue et hèle un taxi. J'essaie le chargeur. Ouf ! Ça marche. Mais je ne peux pas rester là à le faire attendre. Alors je dis au gars de rouler. Ma panique a disparu mais, maintenant, c'est l'angoisse qui m'étreint. Je ne pourrai pas tourner éternellement avec ce taxi. Du coup j'appelle sans cesse, je presse tout le monde. Mon angoisse est palpable. Pendant ce temps, le taxi roule. Il me fait faire le tour de la ville. Comme souvent en de pareilles situations, pour décompresser, j'essaie de rire de ma mésaventure. Pour me remettre de ces émotions, je me paye un restaurant typique, je marche un peu pour m'oxygéner et je vais me coucher. Je dors comme un prince.

Le lendemain, vite, vite, je fais des photos d'identité et, muni de mon passeport périmé, je me présente à la porte du consulat. Dans ma tête, c'est gagné. Après le rodéo d'hier, ils sont sûrement déjà au courant. Et puis, un passeport, ça prend cinq minutes. On tape le nom, on colle la photo, un coup de tampon et le tour est joué.

Sûr de mon fait, je me présente au guichet. J'explique mon histoire à la préposée en lui tendant mes photos ainsi que mon passeport périmé. Je suis un peu pressé. Sans mot dire, elle se lève pour consulter son chef. De retour, à ma grande surprise, elle secoue la tête.

« Monsieur, on ne peut rien faire pour vous. »

Je la regarde, ahuri. Je ne comprends pas. À une autre époque, j'aurais démonté son bureau. Là, je me contiens. Avec calme et retenue, je m'explique, j'insiste. Je sais que le consul a été contacté par mes amis. Je ne vois pas pourquoi il refuse de délivrer mon passeport. La préposée repart. Conciliabule. Elle revient.

« Non, Monsieur, c'est impossible. Nous n'avons plus que quelques passeports et ils sont réservés aux cas importants. »

J'ai de plus en plus les boules. Je me sens impuissant devant cette injustice. Je ne peux rien faire. Je dépends entièrement de leur bon vouloir ! Bon, je me calme intérieurement et demande à rencontrer le consul.

« Il n'est pas disponible. »

Pas disponible ? Mais je vois ses guiboles dans son bureau. Pas disponible ! Pas le temps non plus de venir saluer un compatriote dans la difficulté ! S'il est comme ça avec moi, comment est-il avec les étrangers ? Cette seule idée me fait mal.

Dehors, je me sens tout petit. Je comprends maintenant le sentiment d'humiliation et d'injustice qu'éprouvent toutes ces personnes que j'ai rencontrées et qui se sont vu refuser des visas alors qu'elles avaient fait des heures de train et de queue pour réaliser leur rêve : visiter un jour la France. Si elles tombent sur des gens comme mon consul, elles n'auront pas une belle image de la France.

Je sens que la colère s'empare de moi et c'est mauvais. Je me dis alors que ce monsieur qui ne voulait pas me voir, avait peut-être la varicelle ou la rougeole et qu'il avait peur de me contaminer. Son geste, c'était de la prévenance à mon égard. Cette idée me fait sourire. C'est gagné. La colère tombe, je retrouve ma sérénité. J'ai pris une longueur d'avance sur le destin.

Quand on prend les choses, même dans les pires situations, avec humour, on ne peut plus être atteint. Un type veut vous rabaisser. Mais dans votre cœur, vous avez déjà ri de vous-même. Quand il arrive avec ses mots blessants, c'est déjà trop tard. Vous avez ri et vous êtes reparti vers autre chose. Vous n'êtes plus là.

Dans la rue, j'ai remarqué qu'il y a deux sortes de voyous : ceux qui ne voient que l'action et ceux qui calculent, pensent déjà au coup suivant. Les premiers se font serrer, les autres passent entre les mailles du filet, ils ne sont plus là quand les flics débarquent. C'est toute la différence entre les exécutants et les caïds. J'ai médité cette leçon et j'ai découvert que, dans la vie, l'humour a le même effet. Combien de tensions pourraient être évitées si l'on y glissait un brin d'humour !

Je retourne à mon hôtel. Je n'ai plus les boules, mais je ne veux pas baisser les bras, accepter la défaite. D'autant qu'en Lettonie, on m'attend. Je récupère donc mes affaires et je fonce à la gare. Mon passé de la rue me rattrape. C'est toujours comme ça quand je rencontre des difficultés. En prenant le train, je suis dans l'illégalité, mais tant pis ! Je décide de passer en Suède. Je sais que là-bas le consul a aussi été contacté et qu'il m'attend. J'ai une chance sur deux de me faire serrer à la frontière. Je prends le risque.

Je profite du voyage pour admirer le paysage. Je passe la frontière sans problème. Arrivé à Stockholm en début de soirée, je prends une chambre dans un hôtel qui jouxte l'ambassade. Je peux me reposer, flâner dans les rues de cette jolie capitale, saluer ces Suédois souriants et coquets. Demain, j'irai voir Madame le consul.

Le lendemain matin, je demande à la bande du Big Boss de me donner un coup de main. J'aimerais bien obtenir mes papiers, mais je me contenterai d'un peu d'humanité. Je sais bien que je suis en tort. J'ai seulement besoin d'être regonflé.

Et ma bande m'a aidé ! C'est le jour et la nuit. Je suis bien reçu. Madame le consul prend le temps de m'écouter. Au lieu de me repousser, elle choisit de m'aider et met en branle la machine administrative. Comme les papiers ne seront pas là avant le début de l'après-midi, elle a un geste délicat. Elle m'invite à déjeuner en compagnie de deux de ses amis. Un pasteur qui s'occupe des prisons et l'attaché de presse de l'ambassade. Le pasteur me connaît par mes livres qu'il a lus en français et veut faire traduire en suédois.

Mon passeport est prêt. Je suis en règle ! Je vais pouvoir me rendre en Lettonie comme prévu. En route pour l'avion.

Comme j'ai un peu de temps avant le vol, le pasteur, qui m'a accompagné, me propose d'aller à la prison de l'aéroport où il est visiteur. C'est là qu'atterrissent les clandestins.

Un bâtiment flambant neuf, tout proche des pistes d'envol. Depuis les cellules, on peut voir passer les avions.

En quittant cette prison, j'éprouve un sentiment curieux. Il y a, dans ce bâtiment, une espèce d'ironie amère. Ces gens qui ont tout abandonné pour venir chercher en Europe de meilleures conditions de vie, ou plus simplement des conditions de vie décentes, se retrouvent en un lieu ultramoderne, comme les buildings qui les ont fait rêver… mais c'est une prison ! Et pour comble, enfermés derrière les barreaux, ils passent leurs journées à contempler la liberté des autres.

Dans le fond, moi aussi je suis un clandestin en Suède. Et qui sait, si les choses avaient tourné autrement, je me serais peut-être retrouvé là !

Merci à ma bande de ne m'avoir pas lâché durant tous ces détours. Merci à tous ceux qui, dans les ambassades ou les consulats, font de leur mieux pour aider les gens. Ils nous rendent fiers de notre pays, la France. Merci, Madame le consul, je ne vous oublierai jamais. À ce sujet, les autorités seraient peut-être bien inspirées de mettre plus de femmes aux postes de responsabilité dans les ambassades. Merci, enfin, au consul du Danemark. Car s'il m'avait donné mon passeport, je n'aurais jamais eu l'occasion de découvrir ces personnes extraordinaires qui m'attendaient en Suède.

Des tsiganes dans un palais

La Lettonie, enfin ! J'ai un jour et demi de retard. Ma conférence pour l'Armée est remise. Je n'ai pas le temps de m'en désoler. On m'attend, mon programme est chargé. Je ne sais pas encore que ce renvoi est une aubaine.

C'est le jour J. Dans l'après-midi, je vais enfin parler devant l'armée. Au cours de la matinée, j'interviens dans un grand rassemblement. Sur la scène, avant ma conférence, passe un groupe de tsiganes. Ils jouent, ils chantent. Je ne comprends pas leur langue, mais leur musique me donne des frissons. Je demande qui ils sont. Leur histoire est belle et elle me touche particulièrement.

Les tsiganes ont une très mauvaise réputation dans les pays de l'Est. Aux images d'Épinal de chez nous, s'ajoutent la destructuration de ces pays, le développement des réseaux mafieux qui constituent une véritable économie parallèle. Les tsiganes, comme les autres, ont été contaminés. Et, comme ils ne peuvent pas posséder de chaînes de magasins ou de stations-services, certains transforment leur camp en supermarché de la drogue et des armes. Du coup, on les regarde avec méfiance et on les évite.

Mais, dans l'univers des tsiganes, comme partout, des êtres de cœur se préoccupent du sort de leurs frères et se battent pour que le beau habite leur vie. Mes amis tsiganes faisaient partie de ceux-là. Toutefois, je n'aurais jamais pu les rencontrer si des Lettons ne leur avaient permis de s'exprimer. C'est un couple de médecins. Au départ, ils ont accueilli ces tsiganes pour les soigner, comme il convenait à leur formation. Très vite, ils se sont pris d'affection pour eux et, finalement, les ont rejoints pour ne plus les quitter. Ils sont devenus un modèle pour les couples tsiganes. Ensemble, ils aident les jeunes abimés par l'alcool, la drogue. Ils ont formé un groupe de musique qui leur permet d'aller à la rencontre des autres, de se faire connaître et aimer.

Cette démarche me touche particulièrement. J'ai toujours eu de l'affection pour ceux qu'on appelle les «gens du voyage». Gosse, quand j'étais dans la rue, je les regardais comme des frères d'exclusion. Plus tard, quand j'ai commencé à témoigner, j'en ai croisé quelques-uns dans les prisons. Ils m'impressionnaient toujours par leur écoute particulière, leur sens du Big Boss. Puis je les ai retrouvés sur les routes, à l'occasion de mes conférences où ils amenaient leurs cousins. On leur colle facilement une étiquette peu reluisante mais beaucoup pourraient nous surprendre. L'existence qu'ils mènent est particulièrement dure, l'exclusion dont ils souffrent particulièrement systématique. Leurs jeunes rencontrent les mêmes problèmes que les nôtres.

Ces tsiganes et ce couple de médecins, au lieu de se repousser mutuellement, avaient décidé de s'entraider, d'œuvrer ensemble pour la cause du beau qui n'a pas de frontières.

Leur musique me plaît. Leur cause aussi. J'embarque mes tsiganes dans la résidence d'été des tsars, au bord de la Baltique, où m'attendent les cadres de l'armée lettone. Moment magique au milieu de ces tsiganes chantant et dansant devant des officiers, dans la grande salle aux couleurs bleutées du palais. Quant à moi, j'ai parlé à ces militaires d'un sujet auquel ils ne s'attendaient sans doute pas : l'importance de la famille qui féconde et fleurit un pays.

J'ai bien fait d'insister pour passer la frontière. Comme à chaque fois, mon séjour est merveilleux de rencontres. Je suis à Vilnius. C'est mon dernier jour, ma dernière conférence. Au moment où j'y mets un point final, un homme se lève, traverse l'assemblée et saisit le micro : « Je vous apporte cette rose jaune pour le soleil que vous n'avez pas eu dans votre vie et durant votre séjour en Lituanie. Je veux bien être votre papa d'occasion. »

Il m'embrasse comme un père, avec tout son cœur, et il repart aussi joliment qu'il est venu. Je devais apprendre plus tard que cet homme avait perdu sa fille unique dans les camps de Sibérie où lui-même avait passé dix-sept années !

Il avait une allure que beaucoup de princes de ce monde n'égaleront jamais.

Un rêve qui décape

Les gens des pays de l'Est sont pour nous un exemple de liberté parce qu'ils en ont conservé l'imagination. Ce que nous possédons, ou plutôt ce que nous croyons posséder, ils le rêvent. Et c'est ce rêve qui est important. C'est ce rêve qui devrait nous maintenir éveillés.

Nous parlons avec tant d'évidence de la liberté dans nos sociétés que nous n'apercevons pas les murs de nos prisons. Nous ne réalisons pas combien nous vivons dans un univers de lois, de règlements, de contrôles partout, sans cesse, envahissants. L'homme y étouffe, la liberté du cœur s'y empêtre. C'est là-dessus que le rêve se brise. Passe-t-il la frontière, il est cerné par tous ces règlements, ces papiers, ces tampons dont nous avons besoin pour chacun de nos pas. Lorsque je rencontre ceux qui ne sont jamais sortis de leur pays, qui continuent de rêver, je sens qu'ils sont en quête de visages, en recherche de contacts humains. J'ai ressenti la même chose en Afrique lorsque je suis allé au Bénin. Les relations d'homme à homme, c'est cela la liberté. « Il faut », « il ne faut pas » sont les murs de nos prisons. Les lois n'ont d'usage que pour nous empêcher de nous blesser. Elles doivent être des gardiens amicaux et non des juges. Malheureusement, dans nos pays de l'Ouest, sous couvert d'aménager la vie, elles provoquent parfois la faute.

J'ai été frappé, récemment, par une réclame en France. Une banque propose à un jeune couple projetant de se marier des comptes séparés, dans la perspective attendue, possible, de leur divorce ! Et tout cela en souriant, sur le ton doux et tendre de celui qui pense à vous et vous construit un bel avenir. Mais quelle est l'évidence profonde que ce message inscrit au cœur des deux jeunes gens qui vont se marier ? Que leur amour sera forcément un échec, leur mariage une duperie, leur relation un drame. Ils croyaient vivre un amour éternel et ne sont en fait qu'en location. Car ainsi sont les choses, leur explique-t-on : mariage, amour, relation, tout est voué à se défaire. Je ne suis pas d'accord !

Oui, l'amour est une folie qui se scelle par un engagement total. C'est justement sa force, ce qui lui permet de déplacer les montagnes. Maintenant, quel engagement tiendra si, dès l'origine, on prépare son échec ? C'est comme ça que je vois toutes ces lois qui se multiplient : une absence de confiance en l'homme.

Au Canada, c'est encore une réclame qui m'a arrêté. Un père divorcé récupère sa petite fille pour le week-end. Ils vont dans un fast-food. On sent que le père n'est pas mauvais, mais il passe son temps accroché à son portable au point qu'il ne voit plus sa fille qui essaie désespérément de lui parler. Alors, elle se lève et va dans une cabine téléphonique sur le trottoir d'en face pour l'appeler. Quand le téléphone sonne, le père décroche. C'est à cet instant qu'il réalise que sa fille n'est plus devant lui. Enfin, elle va pouvoir lui parler !

Bien sûr, cette réclame vise à dénoncer la « maladie » du portable qui ronge le monde moderne. Mais, derrière, quel est l'univers « normal » qu'on présente ? Celui des familles coupées en deux, où l'enfant ne voit ses parents que par tranches. Celui, aussi, d'un monde où la technique et les robots tiennent une telle place qu'on n'a même plus le temps de considérer les êtres qui nous font face.

Gosse, dans la rue, j'étais un hors-la-loi mais je n'avais pas d'états d'âme. Je ne « prenais » que ce dont j'avais besoin. Je ne savais qu'une chose, c'est que j'étais en fuite et qu'il ne fallait pas que je me fasse prendre. Avec la découverte du Big Boss, j'ai pris conscience que j'étais sans foi ni loi, que je n'avais pas de limites. Pourtant, je suivais des règles dont je ne savais pas d'où elles me venaient. Je n'ai jamais pu voler ou agresser une personne âgée. D'où me venait ce code ? Cette loi intérieure ? J'avais été formé à des techniques : vol de sacs à main au bras des personnes âgées sortant de la banque. Mais je n'ai jamais pu m'exécuter. Soit je tombais volontairement, soit je rattachais mon lacet, soit je me prenais un poteau, pour m'éviter de voler. Pourquoi ? Est-ce lié à l'amour que j'ai reçu des vieilles personnes, à l'hôtel-Dieu de mon enfance ? La vieille dame qui sentait le pipi et m'avait fait peur au premier regard avec son unique dent mais m'avait donné, dans un geste brusque, une crème à la vanille. Le monsieur sans jambes qui vendait des billets de loterie à la porte de l'hôtel-Dieu ; il n'en vendait pas beaucoup car il criait très fort et c'était comme si les gens avaient peur d'être contaminés en l'approchant. Il me regardait gentiment. Je l'aimais bien. Je n'ai compris que plusieurs années après pourquoi il était sans jambes : il les avait perdues à la guerre de 14-18.

Dans ma liberté de rue, j'étais obligé d'avoir des yeux dans le dos, je n'étais jamais tranquille, ni le jour ni la nuit. Puis j'ai rencontré des gens qui m'ont posé des énigmes. Ils étaient calmes, gentils, ils dégageaient de la paix. Cela me paraissait bizarre et inaccessible.

Et j'ai découvert que la liberté n'était pas celle que j'imaginais. Elle n'était pas dans la rue. Elle était dans l'amour.

Avec le Big Boss, j'ai compris que la liberté n'est pas seulement dans la circulation des choses matérielles mais dans la circulation de l'amour. Le partage des biens matériels et du savoir fait aussi partie de l'amour. C'est un peu ça que nous a dit le fils du Big Boss quand il a remplacé la loi, tous les commandements, par deux seulement : aimez-vous, soyez unis. L'amour du prochain, de l'homme, de la différence.

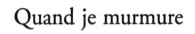

Quand je murmure

Pour la naissance de ma fille Églantine, j'ai dit le rosaire pendant neuf mois. Chaque jour, je le récitais. Pas question d'oublier ou de sauter un soir. Puis Églantine est née. Dans l'euphorie, j'ai délaissé le rosaire. Quand j'ai voulu le reprendre, impossible ! Je saturais. Et pendant les quinze années qui ont suivi, j'ai été incapable d'en dire un seul. Je trouvais toujours des raisons. J'étais occupé, fatigué.

Puis un jour, un vieux prêtre très sollicité m'a donné une leçon que j'ai méditée. À la fin d'une journée bien remplie, je le voyais épuisé. Il avait la tête qui dodelinait, les yeux qui se fermaient. Le voyant dans cet état, je lui ai proposé de se reposer. À ce moment, il a redressé la tête : « Non, je ne peux pas, je n'ai pas encore lu mon bréviaire. Je n'ai jamais fait d'exception. L'exception engendre l'exception. »

En le regardant, penché sur ce bréviaire qu'il lisait d'une voix muette dans la nuit, j'ai compris. Ce jour-là, j'ai repris mon rosaire et, depuis, je ne manque pas de le réciter pour tous ceux qui sont dans le besoin. C'est ma manière à moi de faire quelque chose. Comme je n'ai pas de baguette magique, je confie tout au Big Boss pour que la vie de ceux que je croise soit joliment caressée.

Le rosaire, cette prière qui peut paraître ordinaire, a l'avantage de pouvoir se dire au milieu des autres sans que personne ne s'en rende compte.

En le faisant, je pense à tous ces enfants, à tous ces hommes, à toutes ces femmes ignorés qui ont le souci de ceux qui les entourent et qui le traduisent par une prière cachée qui ne dérange pas, qui ne met pas mal à l'aise, mais qui peut contribuer à mettre les personnes qu'il faut sur le chemin de ceux qui souffrent, sans les rendre redevables. Il n'est pas bon, surtout auprès d'êtres extrêmement blessés, de dire : « Je prie pour toi ! » Quand on me le disait autrefois, cela m'irritait. J'avais l'impression qu'on me donnait quelque chose et que je ne pouvais rien rendre en retour.

Dans le monde entier, tous les jours, sans exception, la souffrance tombe sur des gens. Elle n'a pas de répit, elle ne part pas en vacances.

C'est pour cela que j'essaie de ne pas faire d'exception en m'unissant, chaque jour, à ces personnes pour lesquelles je n'ai pas de baguette magique. Pas d'exception, et encore moins lorsque la fidélité est un immense combat.

Je voulais me reposer

Je rentre de Lettonie après une semaine harassante, épuisé, heureux de poser mon sac de voyage et de pouvoir enfin savourer ma famille.

Sur le seuil de la maison, Katéri, ma seconde fille, m'attend. On s'embrasse et, tout ennuyée, elle m'avertit que trois dames m'attendent devant la porte de la cuisine. Je suis très contrarié. Dans mon cœur je me dis : « Y'en a marre ! Je ne peux pas souffler un instant ! »

Je me traîne jusqu'à la porte de la cuisine avec des pieds de plomb. Les dames ne semblent pas remarquer mes réticences. Leurs yeux brillent de joie quand j'apparais. Elles viennent de faire quatre cents kilomètres pour accompagner leur amie qui désire me parler.

J'écoute. Au-dedans je suis froid comme la Baltique que je viens de quitter. Je me fais violence pour que ça ne se voie pas. Finalement, je demande à la jeune femme qui voulait me rencontrer si ça ne la dérange pas qu'on parle en marchant dans les bois. Quand je suis très fatigué, cela m'est plus facile d'écouter en marchant.

En quittant la maison, je sens tout mon être bouillonner comme un volcan en mauvais réveil. J'engueule silencieusement le Big Boss. Arrivé en haut du petit chemin, à l'entrée du bois, je retrouve mon calme. À cet instant, elle me prend le bras : « Ça me fait du bien d'être à vos côtés. Comme vous êtes paisible ! »

Je ne réponds rien mais je lève les yeux au ciel et je murmure au Big Boss : « Tu te fous de moi ! »

Pendant une bonne heure j'écoute l'histoire de cette jeune femme. De temps en temps, elle s'arrête pour me demander :

« Vous ne dites rien ?

— Non. Je vous écoute. »

C'est une histoire pleine d'injustices, de drames, de larmes.

La fatigue aidant, son récit me donne la nausée. J'ai la tête qui tourne. Je ne trouve pas les paroles de réconfort. Face à cette cascade de souffrances, je suis sans mots.

De retour à la ferme, nous buvons un café avec ses deux amies puis je les raccompagne toutes trois à leur voiture.

Cette jeune femme a eu une enfance très dure. Violée par son père, elle a basculé dans la prostitution. Telle qu'elle s'est présentée devant moi, elle sortait de l'hôpital. Un client dépravé l'avait lardée de treize coups de couteau ! Sur son lit de douleur, elle avait lu mon livre et, à peine sortie, avait voulu me voir pour partager, avec moi, sa vie de galère.

En la regardant s'éloigner, j'ai l'impression de ne lui avoir rien donné. Face à de tels drames, on se sent tout petit. Il faudrait une baguette magique, mais on n'en a pas. Et, parfois, on est tellement fatigué qu'on peut à peine écouter.

En poussant un profond soupir, je tourne les talons et je rentre chez moi.

Quelques mois plus tard, je me trouve à Châteauneuf-de-Galaure pour donner une conférence. J'ai rangé la jeune femme dans mon cœur, parmi tous ces visages qui l'habitent, tous ces hommes et ces femmes que j'ai croisés un jour, sur le chemin de la vie. Or, qui vois-je à l'entrée de la salle ? La jeune femme, toute belle, le visage éclairé. Elle est venue pour me remercier. Notre rencontre l'a énormément aidée. Depuis, elle a pu pardonner à son père, à son agresseur, à tous ceux qui lui avaient fait du mal.

J'écoute ce qu'elle me dit de toutes mes oreilles,

mais mes jambes tremblent. Je sens que je ne suis pour rien dans toutes ces merveilles. C'est son joli cœur qu'elle devrait remercier et celui du Big Boss avec qui elle est entrée en contact. Ce genre de cadeau, avant une conférence, ça décoiffe ! C'est une bouffée d'air frais, comme un tour en moto sans casque un jour de beau temps.

Que c'est bon de se rappeler que, parfois, il nous est seulement demandé de donner du temps. Nous sommes des drains. Nous ne sommes pas là pour aider les autres, mais pour drainer leur histoire, pour qu'ils trouvent leur propre chemin de paix.

Les deux frères

Je travaille à la construction d'une charpente avec des amis et des jeunes. Timothée, mon petit dernier, et son grand copain sont des nôtres. Ils récupèrent les chutes de bois avec lesquelles ils construisent une petite maison pour les oiseaux. On est en décembre, mais il fait beau et chaud. Tout le monde est heureux. Perché sur la charpente, je jubile : on aura fini ce soir, avant la venue du mauvais temps.

À cet instant, une voiture déboule. Elle s'arrête. Le conducteur sort la tête : « Je cherche monsieur Guénard. »

Quand j'entends ça, je ne peux pas m'empêcher de penser : « Non ! Pas maintenant. » Malgré tout, je dresse le cou : « C'est moi. »

Le gars descend de sa voiture : « Je ne vous dérange pas ? »

Là, je ne sais pas si je dois rire ou pleurer. Bon, je dégringole de mon toit et je fais un violent effort sur moi-même pour être agréable.

Le gars m'aborde avec un grand sourire : « Je m'excuse de vous ennuyer. J'ai roulé toute la journée et une partie de la nuit pour vous rencontrer. »

À l'intérieur, je bous. Je l'invite à marcher pour qu'il puisse se dégourdir les jambes et pour que, moi, je puisse me calmer.

Quand il commence à me parler de son frère, ma température intérieure tombe subitement.

« Mon grand frère, c'est une force de la nature. »

Je le regarde et je pense : « Ça doit être quelque chose ! Celui-là, il a déjà l'air d'un bûcheron ! » Il continue :

« Il est un peu baroudeur, un peu dur avec moi, mais c'est un homme bon. Il est venu me voir avec votre livre. Il m'a dit de le lire pour comprendre ce qu'était un vrai gars. Vous savez, nous ne parlions plus du passé, de notre enfance. En le lisant, je nous ai reconnus dans votre histoire. »

Voilà, tout simplement. Et il est venu me voir pour que j'écrive un petit mot dans le livre de son frangin avant de le lui rendre. Cadeau. Geste d'amour gratuit.

Il est dix-sept heures. Ému par son intention, je le convie à dîner avec nous et à coucher à la maison pour se reposer du voyage. À ma grande surprise, il refuse. Il doit être à son travail, le lendemain, à huit heures.

Quand il repart, je le salue jusqu'à ce que sa voiture disparaisse. Il aura fait deux mille deux cents kilomètres pour que j'écrive un petit mot dans le livre de son frère ! C'est complètement fêlé. Si ça ce n'est pas de l'amour, alors je n'y comprends rien !

On parle souvent d'exploits sportifs dans notre monde. Mais des gestes comme celui-là dépassent tout, même si l'on n'en parle pas, même si personne n'en a conscience.

Cet homme qui avait l'allure d'un bûcheron recelait un cœur qui possédait la grâce d'un danseur de Béjart. Il m'avait dérangé en arrivant. Quand il est parti, j'aurais voulu le suivre, être là quand il retrouverait son frère. Bien des actes cachés sont un soleil qui réchauffe et caresse le cœur. Cette rencontre était un vrai concentré d'amour.

« *J'espère que je ne vous dérange pas !* »

« Pardon, j'espère que je ne vous dérange pas… » Combien de fois ai-je entendu cette phrase ! Généralement, c'est au téléphone et c'est le prélude à un long monologue.

Je fais partie des gens qui n'aiment pas le téléphone. On ne voit pas le regard de celui ou de celle qui vous parle. Mais téléphone ou pas, l'écoute est primordiale. Et j'ai fini par céder et me procurer, moi aussi, un portable. Martine, ma femme, rit en se rappelant que pendant des années je l'ai laissée répondre au téléphone, pestant contre cet engin que je détestais.

Évidemment, depuis que j'ai ce portable, je suis souvent interrompu par sa sonnerie. Je suis tenté de ne pas répondre, mais je sais que là-bas, quelque part, accrochée à son appareil, une personne espère. Elle veut m'offrir son passé, son présent, ses déconvenues, ses souvenirs qui remontent à la surface. Parce qu'elle sait que je suis passé par là, elle veut partager ses angoisses avec moi. Alors je décroche et, à la fin, je m'aperçois que j'avais raison. Je n'imaginais pas, quelques instants auparavant, que quelqu'un allait me visiter, déposer dans mon cœur un cadeau qui y resterait à tout jamais.

Voilà. Ça commence par : « Pardon, j'espère que je ne vous dérange pas... », puis suit le monologue qui enfle, prend de l'ampleur. Et l'écoute. Ne pas interrompre l'autre dans son récit. Parfois, une question posée me surprend, d'autres fois, j'ai des flashes, des intuitions, mais il se peut tout aussi bien que rien ne me vienne, un blanc. Ce n'est pas grave. Le fait d'écouter joliment permet à l'autre de dérouler son histoire.

Si au bout d'un moment, la personne, sans s'en rendre compte le plus souvent, raconte à nouveau la même chose, la remâche, je lui fais remarquer délicatement. Cela suffit souvent pour qu'elle reprenne le fil de sa confidence. Parfois, elle n'entend pas. J'interviens plus fermement en prétextant, par exemple, une tâche à accomplir. Écouter l'autre dans ses redites, son rabâchage, c'est l'installer dans sa souffrance, son mal-être. L'arrêter, au contraire, c'est considérer son dépôt comme un cadeau précieux.

À la fin, on me dit que ce moment a fait beaucoup de bien et on me quitte en me souhaitant tout ce qu'il y a de plus beau. Du coup, moi qui ne voulais pas être dérangé, je dois bien reconnaître que grâce à ce coup de fil, ma journée a été illuminée.

Il arrive que des personnes me rappellent, deux ou trois ans plus tard. Là, généralement, ça commence autrement. C'est plutôt du style : « Vous ne pouvez pas vous souvenir de moi... » Je pose une seule question : « Où habitez-vous ? » Et lorsqu'on me répond, généralement, je me souviens.

« Ah oui ! Vous êtes la mère d'Antony qui fuguait et ne travaillait plus à l'école parce qu'il voulait faire de la mécanique. »

Il se fait un grand silence au bout du fil. J'en profite pour reprendre : « Que devient-il ? »

Et ça démarre.

« Justement, vous nous aviez conseillé de considérer son rêve d'être mécanicien. Vous nous aviez même donné le numéro de téléphone d'une école. Nous avons fait ce que vous nous avez dit et, depuis, nous ne reconnaissons plus notre fils. Il est heureux, il est passionné par son école, par son apprentissage. Nous l'avons retrouvé grâce à vous... »

Je sais bien que ce n'est pas la vérité. Je n'ai fait qu'écouter. Il se trouve que quand la maman m'a téléphoné, je venais de témoigner dans une école où les professeurs et le directeur me paraissaient aimer les jeunes. J'ai simplement fait le rapprochement des deux. Le miracle, c'est son cœur de maman et le cœur de père de son époux qui l'ont accompli. Parce qu'ils se sont penchés sur le malaise de leur enfant, parce qu'ils ont fait l'effort de tenir compte de ses désirs, ils ont réussi à le retrouver.

En raccrochant, j'ai regardé le passeport des temps modernes, le téléphone mobile, et j'ai pensé : « T'es pas mal, toi. Aujourd'hui, ta sonnerie m'a plu. »

Je suis en train de déguster un moment de tranquillité avec mes chevaux. Ça me fait un bien fou. Je suis environné par les mille chuchotements de la nature, baigné par la pulsation de la vie. Mes chevaux font cercle autour de moi comme des amis. C'est un vrai bonheur mais, soudain, la sonnerie du téléphone déchire le silence et la paix !

C'est une voix d'homme.

« Je suis bien avec Monsieur Tim ? Pardon, j'espère que je ne vous dérange pas. Je voudrais vous parler de notre fils. Avec ma femme, nous sommes convaincus qu'il se drogue. On savait qu'il fumait un peu, avant, mais quelque chose a changé. Il ne veut plus aller au lycée. Il traîne dans les rues, il fugue. Il fréquente des voyous. Il n'écoute plus rien. Un jour, il peut être violent avec sa mère, ses frères et sœurs, et le lendemain, très gentil. Récemment, il a pris la voiture sans autorisation. Il a eu un accident qui a causé des dégâts. La police est intervenue. Maintenant, il nous en veut d'avoir été enfermé. »

Ce père, extrêmement soucieux de son fils qu'il aime, me demande conseil pour sortir de cette situation. Mais je ne suis pas Madame Soleil et je ne vois pas grand-chose hormis leur grande souffrance.

La seule chose que je puisse lui dire, c'est que je penserai à eux, le mardi, lorsque leur fils rencontrera le juge. Je lui demande aussi de me tenir au courant. Avant de raccrocher, je lui propose de m'inviter à dîner, un soir, quand leur fils sera à la maison. J'entends que la maman pleure d'émotion.

La communication est finie. Mes chevaux n'ont pas bougé. Ils sont restés tout le temps à mes côtés. Ils m'ont attendu. Je les caresse, je les flatte, je leur souffle dans les naseaux, mais j'ai l'esprit ailleurs. Je m'adresse au Big Boss. Je le supplie que ces trois cœurs soient joliment caressés dans leur démarche, que la famille soit plus forte que la destruction.

Quand je pense à tous ceux qui m'appellent, je songe qu'il faut être beau dans son cœur pour avoir l'humilité de s'adresser ainsi à un étranger, de lui offrir ses tripes de cette manière.

La vie moderne est en pleine bousculade. Les secondes, les minutes, les heures défilent comme des TGV, sans nous laisser le temps d'apprécier le paysage qui nous entoure. Grâce au téléphone, curieusement, bien des personnes arrivent à partager les miettes de leur vie. Et ça a un effet bénéfique. Ça leur permet de ne pas déborder. Bien sûr, tout ne se règle pas en un coup de fil. Mais bien des angoisses accueillies de la sorte deviennent des passeports pour continuer à vivre.

Ma Cendrillon de soixante-dix ans

Quand je visite les prisons, il arrive que des jeunes me demandent d'aller dire bonjour à leur famille.

Je suis en Lituanie. Pour faire plaisir à un garçon, je décide d'aller rencontrer sa mère. Je ne sais pas dans quoi je m'embarque !

Elle habite au fin fond du pays. Pour y aller, ça n'en finit pas. Au début, on roule bien, mais très vite la route se transforme en piste. Les panneaux y sont tellement rares qu'on a toujours l'impression d'être perdu. On traverse d'interminables forêts. De temps à autre, une bâtisse apparaît. Ça me rassure, mais seulement à moitié. Ces rares maisons me semblent pauvres, si pauvres !

Et les vieilles fermes qu'on a la chance de croiser paraissent tout droit sorties du Moyen Âge. Tout ici est immobile, appesanti, hors du temps.

Le voyage me paraît long. J'en viens à regretter ma démarche. La nuit tombe et nous ne sommes toujours pas arrivés. Enfin, le village apparaît. Ce n'est pas un village, c'est un bidonville au fond du monde ! De petites maisons de bois entourées de terrains vagues, envahis par la forêt, où s'entassent les morceaux d'une vie oubliée.

Nous descendons de voiture pour patauger dans une cour boueuse éclairée par la seule lumière des astres. Une vieille femme s'avance vers nous. Dans sa main, elle tient un chandelier à quatre branches munies de quatre petites bougies éteintes. C'est bizarre. Je la regarde s'approcher, avec sa lumière éteinte, et je ne peux m'empêcher d'éprouver un sentiment étrange.

Elle nous invite à entrer chez elle. Dans la pièce, sans doute la pièce principale, ronfle un poêle-cheminée en faïence. L'unique source de lumière. Les murs sont noirs de suie, tout entiers recouverts par la fumée de ce poêle à bois. La vieille dame nous fait asseoir dans des fauteuils de fortune, devant une table dont les pieds sont constitués par des casiers à bouteilles vides et dont le plateau est une planche de bois mal dégrossie, découpée à même le tronc d'un arbre.

Elle s'absente un instant pour revenir avec un

morceau de nappe en vinyle dont elle couvre le plateau et au centre duquel elle dépose délicatement, avec amour, un petit napperon brodé. Je me tais. J'observe.

Elle nous offre du thé, façon lituanienne : corsé, avec de la confiture en guise de sucre. La boîte à biscuits est rafistolée avec du câble électrique ; comme elle ne possède que deux tasses, elle ne boit pas.

Je lui transmets le bonjour de son fils. Nous restons une bonne heure. Nous échangeons des mots très simples. Avant de partir, je lui dis que j'habite Lourdes, en France. Elle se lève, va dans la pièce adjacente et revient avec une Sainte Vierge de Lourdes, et en prime un magnifique sourire dans lequel les dents sont parties en vacances.

En nous raccompagnant, elle nous remercie encore et encore. Ses yeux, d'un bleu délavé, brillent. Son visage buriné, marqué par les épreuves, est tout plissé. Dans ses mains, elle tient de nouveau le chandelier éteint. Mais cette image ne me paraît plus étrange. Elle m'émeut au plus profond de moi.

Sur la route du retour, je médite sur ce qui vient de se passer.

Quand la vieille dame s'est absentée la première fois pour aller chercher la nappe, j'ai demandé bêtement à mon ami si c'était une tradition en Lituanie d'accueillir les personnes avec un chandelier éteint. Il m'a répondu qu'elle gardait sans doute les dernières allumettes pour allumer son poêle ! Nous accueillir avec le chandelier, son bien le plus précieux, était un geste d'extrême délicatesse. Elle nous signifiait ainsi que nous étions des invités de marque qu'elle voulait honorer. De même pour la nappe et le petit napperon brodé qu'elle ne sortait que dans les grandes occasions !

Je médite sur cette Cendrillon des temps modernes, vieillie, toujours pauvre, mais qui a su préserver son éclat. Elle pouvait se promener dans l'obscurité : elle illuminait le monde par son cœur.

Cette nuit-là, je me suis endormi avec cette belle image, digne d'un conte de fées, comme un joli coucher de soleil où l'horizon ne peut ni se décrire ni se peindre tant il est beau !

Entre les mains du Big Boss

Généralement, lorsque je donne une conférence, que je réponds aux questions, que je fais des dédicaces pendant des heures, en m'appliquant pour chacun, je suis tendu au-dedans, tourné vers les autres. Chaque personne qui me rend visite est si importante ! Je sais trop ce que c'est d'être important pour quelqu'un, unique, moi qui longtemps n'aie existé pour personne. Je veux être tout entier disponible, faire le même effort pour l'accueillir qu'elle a fait pour venir. C'est éprouvant.

À l'étranger, c'est encore plus dur, à cause de la langue. Les personnes qui viennent me parler, me confier leur être, me regardent droit dans les yeux, sans considérer les traducteurs. Heureusement, mes traducteurs sont tellement délicats qu'ils en deviennent invisibles. Ça me bluffe ! Mais malgré tout, je dois faire un effort supplémentaire, écouter véritablement avec tout mon être, être attentif aux moindres intonations. Bien des fois je me retrouve à genoux dans mon cœur devant ces personnes, et quand elles me quittent, avec un « merci » plein de tendresse, je demande au Big Boss de les protéger.

Évidemment, quand c'est fini, je suis vidé, un peu stone.

Ce jour-là, en Lettonie, il fait très beau, mais la chaleur est humide. Après une semaine très chargée, mon voyage touche à sa fin. Je viens de consacrer toute la matinée à rencontrer des jeunes. Quand le dernier d'entre eux se retire, je me lève, je m'étire, je fais quelques pas, je décompresse, heureux de me dire que c'est terminé. Enfin ! J'évacue toute la tension. Je dépose le fardeau. Je me mets aux abonnés absents. Si quelqu'un vient, je regrette, mais il faudra repasser. D'avance, je savoure mon repos et ma paix.

C'est cet instant que choisit un ami pour se matérialiser devant moi. Il vient me demander un service : un garçon qu'il connaît veut absolument me voir. Il m'attend. J'avais déjà les bras ballants, ils s'allongent jusqu'à toucher terre. J'ai envie de dire non ! d'expliquer que je suis fatigué. Je rêve d'une excuse : un avion à prendre, un repas qui m'attend, mais je ne peux pas me défiler. Les semelles pleines de plomb, je me laisse conduire dans un lourd silence jusqu'à la maison où m'attend le garçon.

Il s'appelle Matiss. Il me dévisage. Je l'intimide. Au déjeuner, nous en sommes au gâteau qu'il n'a toujours pas desserré les dents. Enfin, il trouve la force de se lâcher. Et là, comme un torrent, il me raconte.

Il vient de Karosta, un quartier abandonné, complètement oublié, d'une ville déjà en marge de l'histoire : Liepayà, un ancien port militaire de la Baltique qui a perdu son âme quand les Russes se sont retirés. Karosta, malgré les apparences, ce n'est pas un quartier. C'est un *no man's land*, une zone de non-droit. Les gens qui y vivent n'ont pas de nationalité, certains même pas de certificat de naissance. Qui y naît, qui y meurt ? Nul ne le sait et moins encore les autorités. Ancien réservoir à prostituées des circuits mafieux russes qui venaient littéralement y rafler les filles pour les mettre au turbin dans leur propre pays, le quartier s'est détérioré avec les années. Rejeté en marge de tout, il est devenu l'univers du crime organisé, de la prostitution, de la drogue, de la pédophilie, du trafic d'organes humains et j'en passe. C'est là que Matiss a grandi. Mais grâce à sa mère qui vouait sa vie à aider les pauvres, et grâce à son propre cœur, ce garçon d'une très grande beauté a refusé la corruption. Tout en grandissant dans ce milieu dépravé, il a refusé de se laisser salir.

Notamment, depuis son enfance, il repoussait obstinément les drogues qui circulaient autour de lui. Tous ses amis y étaient abonnés, lui seul en évitait le contact. Seulement voilà, un jour – c'était son anniversaire –, ses amis, que cette différence devait gêner, ont voulu qu'il devienne comme eux. À son insu, ils ont mélangé de la drogue à l'alcool. L'effet a été foudroyant. Matiss est tombé dans le coma. Il a été hospitalisé. Pendant deux semaines, il est resté entre la vie et la mort. En sortant, il n'était plus le même. Profondément blessé par le geste de ses « amis », il est devenu violent. Complètement déstabilisé par cette trahison, lui qui voulait garder son humanité a plongé dans l'enfer de la délinquance. Pendant trois années il s'est laissé dévorer par la violence et la corruption. Heureusement pour lui, son intelligence l'a protégé. Les flics ne l'ont pas serré.

Dans son errance, il a rencontré un couple merveilleux. Des passeurs de beau. Le mari, qui tenait un restaurant, a choisi de se séparer de cette activité lucrative pour se consacrer aux miséreux de son pays, son épouse l'a suivi. Cet homme qui rêvait de profiter de l'ouverture sur l'Europe a ouvert les yeux et, au lieu de construire des palaces, il est allé dans les bidonvilles apporter à manger aux pauvres. C'est là que Matiss l'a rencontré. Cet homme avait lu mon livre et l'a fait découvrir à Matiss.

Cette rencontre et cette lecture ont décidé le garçon à changer de vie, à rejeter les fausses séductions de la délinquance pour s'en sortir.

Matiss, sur sa chaise, est digne comme un seigneur mais son regard est empli de tristesse. Oui, avec son beau visage fin, ses cheveux d'un blond très clair coupés courts, il a l'air d'un prince. Mais c'est un prince dont le royaume est l'angoisse.

Je voudrais faire quelque chose pour lui, mais je suis paralysé.

En le quittant, je pense à ce destin foudroyé. Je pense aussi à ce quartier oublié où règne la dépravation sans que nul ne s'en soucie. Combien d'autres Matiss y ont vu leur existence fauchée ?

Parfois, on n'a aucune solution. On a beau se creuser la tête, chercher dans son expérience, on reste sans voix. Sur l'instant, on est désemparé. On voudrait tant apporter sa pierre, faire un bout de chemin avec celui ou celle qui est venu nous visiter. Mais rien. Dans le fond, si en certaines occasions on a l'impression d'avoir apporté quelque chose, qu'a-t-on fait d'autre que de laisser venir la personne, d'ouvrir nos oreilles à ses murmures pour entendre ses cris et reconnaître sa blessure ? Le Big Boss fait le reste.

On n'aide pas les personnes sur lesquelles la violence de la vie s'est acharnée. On ne peut que les accompagner. Prétendre les aider est une erreur. C'est les rabaisser, les rendre plus misérables encore. C'est leur dire, sans en avoir conscience : « Vous n'êtes plus capables de rien. Je vais agir à votre place. » Et on leur retire le peu qu'elles ont. On en fait des assistées. On les prive de la force de vivre et de se tenir droit.

Les accompagner c'est se rendre disponible,

être prêt pour le jour où elles vont m'ouvrir des portes, me faire visiter des passages de leur histoire, murmurer des souvenirs du passé. Murmurer pour devenir plus léger. Léger pour s'envoler, voler vers la vie.

Le fils du Big Boss aimait la vie, pas la mort. La preuve, c'est qu'il s'en est arraché tout de suite pour revenir auprès des vivants ! Dans sa mort, ce qui me parle le plus, c'est son cœur transpercé par la lance d'un soldat. Pour moi, c'est une énigme. Quand un voyou tue quelqu'un, il se casse. Il est allé au bout, c'est fini. Là, ce n'est pas le geste d'un voyou. C'est un geste gratuit qui ne sert à rien. C'est comme si les hommes avaient eu peur de ce cœur, peur qu'il se remette à battre, comme s'ils avaient perçu sa puissance d'amour et sa résurrection possible.

Ce geste violent, inutile, incompréhensible, a ouvert un torrent de consolation. Tous ceux qui vivent l'incompréhension de leurs souffrances peuvent s'y réfugier. Parce que ce cœur maintenant est ouvert et qu'ils peuvent y blottir leurs propres cœurs. C'est une halte pour avoir le droit de vivre eux-mêmes une résurrection.

Quoi qu'on ait fait, Il nous attend

Souvent je rencontre des jeunes dans les cités, dans les quartiers. Et, c'est régulier, ils me demandent : « Ton Big Boss, comment tu as voulu t'en approcher ? »

Pour leur répondre, je leur raconte une petite histoire à ma façon.

Y a un type qui demande des thunes à son père pour aller en ville. Son père, qui ne peut rien lui refuser, lui donne ce qu'il veut. Le type s'en va et s'installe en ville. Là, il se fait des amis, il rencontre des lolettes. Il commence à faire le beau. Il veut être le centre du monde, alors il invite tous ceux qu'il croise. Il fait la fête. Il s'éclate. Il claque ses thunes sans regarder, sans compter. Puis, un beau jour, plus d'argent, fini. Et plus d'argent, ça veut dire plus d'amis non plus, plus rien. Il crève de faim. La seule richesse qui lui reste, ce sont ses souvenirs.

C'est comme ça qu'il pense à son père. Il se dit qu'au fond, c'était pas si mal que ça chez lui, il mangeait à sa faim. Finalement, il décide de rentrer chez lui. Sur la route, il pense à son père, à lui, à ce qu'il a fait. Il se cherche des excuses : « Je vais dire à mon père ceci, je vais dire à mon père cela. » C'est le premier rappeur de l'histoire.

Seulement, quand il arrive, il n'a pas le temps d'ouvrir la bouche. Son père, qui l'attendait, court vers lui et le prend dans ses bras. Du coup, il n'a jamais gravé son CD. L'amour de son père était tellement fort qu'il n'a pas eu besoin de se justifier, de prouver.

On ne sait pas combien de temps le fils est parti. Un an, cinq ans, dix ans ? On ne le sait pas et cela n'a pas d'importance. Son père attendait son retour, c'est tout. Parce qu'il aimait son fils, sa patience était infinie. Et lorsque son fils s'est présenté devant lui, il l'a pris dans l'état où il était, avec tout son passé. Patience et délicatesse infinies !

Pour moi le Big Boss est comme ce père.

Il accepte qu'on vive sans lui, qu'on vive n'importe quoi, qu'on coure dans tous les sens. Il sait qu'à un moment on va devoir s'arrêter. On aura essayé beaucoup de choses. On aura consommé beaucoup de choses. On aura vu tellement de choses aussi ! Pourtant, quand on s'arrêtera, la seule richesse qui nous restera sera nos souvenirs. Des événements, des visages d'un passé enfoui ressurgiront alors et on se rendra compte que, dans ce passé, il y avait des étincelles d'amour.

Elles nous étonnent, ces étincelles. Elles nous appellent. Et soudain, on a envie de courir à toute vitesse pour les retrouver. Alors on se met en route. Mais quand on s'approche, on a la trouille. On se demande : « Comment vais-je être reçu ? Est-ce qu'on voudra encore de moi ? » On se sent fautif. On se cherche des excuses. Et puis on arrive sans s'en apercevoir et là, surprise, l'amour nous attend. L'amour est toujours plus rapide.

L'histoire du fils nous fait comprendre que chacun est attendu. À un moment, il faut accepter d'être en marche pour être accueilli.

Tant de héros parmi nous

Dans mon premier livre et dans mes témoignages je parle des souffrances de mon enfance, bien
des personnes s'y reconnaissent et ressentent le
besoin de me faire partager les leurs. Du coup,
on me dit que je dois voir bien de vilaines
choses ! Je ne peux pas le nier. J'avoue même qu'à
une époque j'avais l'art de ne voir que ça. Lorsque
j'ai décidé de changer ma façon de vivre, je me suis
rendu compte que voir le mal qui nous entoure est
à la portée de tout un chacun. Mais voir le beau,
c'est autre chose. À vrai dire, ce n'est pas plus difficile. C'est comme une belle aurore, c'est offert à
tout le monde, aux riches comme aux pauvres.
C'est un spectacle gratuit. Il faut simplement se
lever tôt. Beaucoup n'en font pas l'effort. Ils ne
regardent le ciel que lorsqu'il est à l'orage.

Le mal fait beaucoup de bruit, au point qu'il
finit par nous boucher les oreilles. Alors, pour se

protéger, on baisse la tête, on accélère le pas et on passe à côté du beau. Le beau ne fait pas de bruit. Il suffit pourtant qu'on s'arrête, qu'on stoppe sa fuite, qu'on se laisse étonner et alors on le découvre, bien plus présent qu'on ne le croyait, bien plus proche aussi. Il suffit d'avoir un regard clair et il est là, à côté de nous, dans les plus petits détails de la vie. Alors, il illumine, il apaise, il se donne. Et quand il s'efface, il laisse une trace de délicatesse qui va se blottir dans la mémoire pour se réveiller un jour, quand on ne s'y attend pas.

Depuis que j'essaie de changer de vie, je n'ai plus le temps de m'intéresser au mal. Les vingt-quatre heures d'une journée ne me suffisent pas pour faire tout le bien que je voudrais. J'ai beaucoup de retard dans mon courrier, j'ai à peine la possibilité de visiter mes amis, de m'occuper de ma famille, de leur montrer mon amour.

Comment pourrais-je m'éterniser sur la diffusion des mauvaises nouvelles ? Tout ce battage qu'on fait autour d'elles me fait penser à une entreprise de démolition, une vraie multinationale de la destruction. Pourtant, à côté, il y a tout un tas de petites entreprises inconnues, qui rebâtissent, qui sauvent, qui aident, qui accompagnent. On en parle peu, trop peu. On est enseveli sous les décombres du monde.

Il n'est pas une semaine, en voyage ou chez moi, dans notre beau pays de France, où je ne tombe à genoux dans mon cœur après des rencontres extraordinaires. Elles assaisonnent ma vie et mettent de la saveur dans mes journées.

Dans tous les pays de cette terre, des familles ont enfoui, au plus profond d'elles-mêmes, des gestes qui nous étonneront quand on les découvrira et qui refleuriront d'avoir été découverts.

Mon village

Que j'aime rentrer chez moi ! Lorsque je prends les deux kilomètres de chemin qui me conduisent à la maison, je jubile. Je vais retrouver ma femme et nos enfants ! C'est vrai, ici j'ai des amis : Michel, merveilleux grand-père, avec sa femme Marinette, et leurs neveux, qui s'entraident dans la construction de leurs maisons ; et Eugénie, la doyenne du village, avec son fils Roger, qui trouvent que je ne m'arrête pas assez souvent. Pardon, les amis, ce sera pour une prochaine fois. Aujourd'hui, je suis pressé de rejoindre ma famille.

Arrivé là-haut, après avoir embrassé ma femme, Martine, et mes enfants, je vais faire le tour de la ferme comme dans un rêve. Mon âne, Jérusalem, m'offre un concert tonitruant en montrant les dents. Les chevaux accourent en se bousculant pour que je leur souffle dans les naseaux.

Puis je prends les chiens et je m'en vais en balade, contempler le pic du Midi, le village dans la vallée et les châtaigniers. De mon perchoir, je m'émerveille de chaque relief, chaque champ travaillé avec amour par les paysans de chez nous. Un peu plus bas, Jean-Paul appelle ses vaches. Il crie en patois. Sa voix se répercute dans la montagne. Que c'est bon de l'entendre après huit jours d'absence !

Jean-Paul Cassou fait partie de ces princes que l'on trouve à la ville comme à la campagne et qui sont toujours prêts à rendre service. Dès que la neige commence à tomber, il sillonne les routes avec le maire pour déneiger. Il a pourtant une ferme et beaucoup de travail. Eh bien, il trouve quand même le temps d'œuvrer à l'intérêt général.

Moi qui suis, plus souvent que je ne le voudrais, confronté à la souffrance, à la haine et aux drames qu'elles engendrent, je suis particulièrement sensible à cette disponibilité. Oui. Et j'admire avec quelle passion le maire et son équipe s'efforcent d'entretenir le village. Certains trouvent cela normal. J'y perçois une grande et belle action. C'est magnifique de voir quelqu'un que la vie a blessé se redresser. C'est tout aussi beau que des hommes et des femmes se préoccupent du monde avec leur cœur et leurs compétences pour qu'il soit habitable.

Et ces êtres sont moins rares qu'on ne le croit. Il faut seulement savoir s'arrêter pour les remarquer. Prendre le temps de se laisser étonner. Si on le fait, on portera sur la vie un autre regard. Les enfants, d'ailleurs, nous donnent des leçons pour cela.

Jean-Paul avait un père, Sylvain Cassou. Homme d'une rare bonté, bon berger comme dans les romans, il chantait à la chorale de tout son être, à chaque enterrement d'un ami ou d'une relation. Il a chanté quand sa femme est partie. Nous l'aimions tous, mais Timothée, mon fils, tout particulièrement. D'une façon mystérieuse, du haut de ses cinq ans, il avait perçu la beauté de cet homme. Puis Sylvain a suivi sa femme, il est allé reposer auprès d'elle, dans le petit cimetière derrière l'église.

Quelques temps plus tard, en rentrant à la maison, je raconte ma journée. Au passage, je dis que j'ai rencontré Monsieur Cassou. Timothée se dresse comme sur des ressorts. Il a les yeux emplis d'humidité. D'une voix pleine de conviction, il déclare : « C'est pas possible ! Monsieur Cassou est au ciel ! »

Pour Timothée, il n'y avait qu'un monsieur Cassou.

Merci à toi, Sylvain, qui a caressé le cœur de notre jeune fils. C'est grâce à des témoins de la vie comme toi que les petits enfants engrangent la beauté qui éclairera leur avenir.

Après chaque voyage, je savoure mon retour. Comme il est bon, en entrant dans la maison, d'être accueilli par le crépitement du feu dans la cheminée ! Comme il est doux de contempler le ciel constellé d'étoiles, bercé par la symphonie des cloches et des musiques de la nuit. Avant de me coucher, je remplis mes yeux des couleurs du feu : la flamme bleue du bouleau, le rouge du chêne, l'oranger du merisier.

J'ai besoin du silence de nos montagnes. Auprès d'elles, je me ressource. Je rencontre tellement de souffrances, de peines, que la vie toute simple de notre belle Bigorre me recharge. Et pas simplement la nature, les hommes et les femmes aussi que j'y croise. Tiens, Monsieur Henri, au village. Je ne le vois que deux ou trois fois par an. C'est un homme bon. Le dimanche, il enfile son joli manteau au col chic, en velours soyeux. Depuis vingt-cinq ans que je le connais, je le trouve toujours aussi beau. Il fait partie de ces célibataires qui ont tout donné à leur famille. Il s'est occupé de son père jusqu'au grand voyage et maintenant il prend soin de sa sœur qui est veuve. Bon fils, bon frère. Quand je le regarde je suis sûr qu'il aurait été un bon père. Il y a aussi Yvonne, la secrétaire du conseil municipal, et son mari. Elle, toujours habillée et coiffée comme une star, lui, sur son tracteur, avec son éternel bob sur la tête : lorsqu'on les rencontre, ils arborent toujours un sourire qui illumine le cœur. Et Francis, jeune père de famille, qui perpétue les traditions du chant et des danses bigoudènes en s'entourant de toutes les générations de plusieurs villages.

Et encore ma filleule, Sabrina. Elle tient un bar avec son mari, Jean-Yves, un Basque au grand cœur comme beaucoup de Basques. Quand je les regarde, je sais que la beauté a sa place partout, même dans un café. Le café, c'est le refuge des oubliés, de ceux qui sont seuls, au milieu du monde, devant leur verre, leur cigarette. Savoir accueillir ces êtres, les servir, être délicat avec eux, les écouter, leur remonter le moral, c'est l'œuvre de toute une vie. Sabrina et Jean-Yves sont merveilleux dans cet accompagnement. Quand je les quitte, ils m'incitent souvent, sans le savoir, à rendre grâce.

En vieillissant, comment pourrais-je ne pas être ému par tous ces gestes de beauté qui nourrissent la vie sans prétendre faire autre chose qu'aimer, par tous ces êtres qui tissent une grande chaîne d'amitié ? Les paysans de nos campagnes sont beaux. Ils font partie d'une œuvre d'art.

Humanité discrète

Dernièrement, Martine a rencontré deux gendarmes dont les histoires m'ont touché.

L'un, à la retraite jeune et encore plein d'énergie, est devenu directeur de pèlerinages pour les personnes souffrant de maladies psychiques. Il a été si souvent confronté, dans son travail, aux suicides, à la violence des pétages de plombs, à l'absurdité de la solitude, qu'il est heureux d'apporter son aide, avec sa femme, à ceux qui souffrent.

L'autre gendarme, toujours en activité, raconte combien ses rencontres avec des personnes en galère et de toutes conditions ont modifié son regard sur les hommes et l'ont fait renoncer au jugement du premier regard. « Je cherche toujours la petite lumière qui se cache. »

Étrangement, son respect et son amour de l'homme grandissent avec les tristes choses qu'il voit dans son travail.

L'été, il accompagne des personnes malades en pèlerinage à Lourdes.

Gendarme et hospitalier ! Pour certains, c'est pas évident au premier coup d'œil...

Un soir, en ramenant Timothée de l'école, je me fais arrêter par la police. Une femme. J'ai oublié de mettre ma ceinture. Elle me demande si les contrôles de la voiture ont bien été effectués. Sûr de moi, j'exhibe les papiers qui le prouvent. La tuile ! La date a expiré. Elle me demande alors la carte grise du véhicule. Je fouille dans ma poche. Rien ! Oubliée à la maison. C'est la totale. Je suis en tort sur toute la ligne. Elle pourrait m'aligner. Au lieu de cela, elle laisse parler son cœur. Peut-être est-elle émue par le regard de Timothée ? En tout cas, elle préfère la générosité et la bienveillance à la sanction, et ça me réchauffe le cœur. Ce sont des gens comme ça qui vous font aimer les hommes et respecter les règles. Au lieu d'exercer son autorité, elle consent à s'en dépouiller. Elle me donne rendez-vous avant trois jours, avec tous mes papiers en règle. Je serai là. Pour rien au monde je ne la décevrais.

Le matin, à la première heure, je me rends chez mon garagiste. Comme la révision prend plus de temps que prévu, il m'invite, avec son fils et sa femme, à partager son repas dans un restaurant béarnais. Au cours de la discussion, je découvre que le père et le fils sont pompiers volontaires. On peut les appeler à n'importe quelle heure du jour et de la nuit. Ils portent en permanence un petit bip sur eux. Ils me racontent une intervention.

Un homme fendait du bois quand son coin a explosé. Il est parti en morceaux et un éclat est venu se loger dans sa veine fémorale. Un voisin l'a entendu gémir. Mais lorsqu'il a voulu le secourir, il en a été empêché par le berger allemand qui gardait la propriété avec un peu trop de zèle. Voyant qu'il ne pouvait rien faire, il a alerté les pompiers. Ils ont contacté la famille pour qu'elle s'occupe du chien et ont pu intervenir à temps pour sauver le blessé. L'ironie de l'histoire, triste ironie, c'est que quelques années plus tard, cet homme qu'ils avaient sauvé s'est tué en portant secours à quelqu'un en montagne.

À la fin de leur récit, j'ai senti qu'ils avaient du mal à accepter ce qui était arrivé. Ils ne parvenaient pas à comprendre qu'un homme qu'ils avaient sauvé puisse mourir ainsi, en tentant d'en sauver un autre.

J'ai alors parlé de mon expérience. De cet hôpital où l'on m'avait demandé de parler à des pompiers traumatisés à la suite d'une intervention. Notamment à ce jeune homme qui ne parvenait pas à surmonter le choc causé par la découverte du corps pantelant d'un enfant qui s'était pendu au portail de sa maison parce qu'il avait été puni par sa mère. Confronté à l'incompréhensible, son cœur généreux s'était brisé.

Il y a là tout un chantier. Il est très important d'accompagner par une écoute particulière ces hommes et ces femmes qui ne sont pas prêts à accepter l'insoutenable et qui tombent dans la déprime ou l'angoisse à force d'y être confrontés. Ils sont particulièrement exposés. Par courage, goût de la vie et des autres, ils s'engagent. Mais souvent, ce qu'ils voient, c'est l'insensé, la souffrance stupide. Si on les laisse seuls, si on ne les aide pas à digérer tout ce mal, ils finissent par avoir une indigestion.

Ces pompiers volontaires font de l'humanitaire à notre porte. Nous ne les remarquons pas, personne n'en parle même si chacun en profite ou peut, un jour, en profiter. Et pourtant ! Sans grands discours, de manière discrète, pudique, ils mettent quotidiennement leur vie au service de leur prochain. Rien ne les y oblige. C'est par amour des hommes, par humanité devrais-je dire, que ces hommes et ces femmes – car il y a des femmes aussi, merveilleuses de dévouement – s'engagent.

Je voudrais leur dire un merci particulier, ainsi qu'à leur famille qui acceptent de les voir partir en tous lieux et en toutes circonstances, à toutes les heures.

Le lendemain, j'ai présenté mes papiers au commissariat. J'étais heureux. La gentillesse de la policière m'avait permis de découvrir le cœur immense de mon garagiste et pompier surnommé Carlos.

Chaque famille cache un héros

Je reçois, un jour, une lettre peu banale. D'une dame que j'ai rencontrée, avec sa fille, avant une conférence Porte d'Auteuil, à Paris. Nous n'avions parlé que quelques instants mais je m'en souviens parfaitement parce que, ce jour-là, devant moi, se trouvait le banc où Monsieur Léon m'avait appris à lire. Cette image m'avait profondément ému. Je regardais ce banc et je me sentais fautif en pensant que je n'avais jamais eu l'occasion de lui dire merci. Malheureusement, la délicatesse reçue est comme un bon repas : il faut la digérer pour l'apprécier pleinement. Et, parfois, la digestion est lente, très lente, et quand elle est finie, il est trop tard pour dire merci. Tout ça était mêlé au souvenir de cette dame.

Dans sa lettre, elle m'écrit pour me parler de son père, Gilbert D. Il vient de lire mon livre, il pense que je suis un grand homme et il veut me rencontrer. Je ne me sens pas un « grand homme », cette appréciation me surprend. La suite de la lettre me laisse encore plus rêveur. La dame et la fille se montrent très étonnées par ce jugement du vieux monsieur. Celui-ci, en effet, n'avait jamais connu, au cours de sa vie, qu'un seul grand homme : le général de Gaulle. Me voilà en compagnie du général ! Il doit y avoir erreur ! Mais ce qui achève de me sidérer, c'est qu'elle me demande où l'on peut se « poser » dans le coin parce qu'elle envisage d'emmener son vieux père me rendre visite en hélicoptère ! Je n'avais jamais imaginé qu'un jour on me prendrait pour un « grand homme », et encore moins qu'on me rapprocherait d'une figure de l'Histoire.

Accompagnant la lettre, il y a un manuscrit. Monsieur D y conte sa jeunesse et sa vie. Ce que je lis ne me laisse plus aucun doute. Le grand homme, ce n'est pas moi, c'est bien lui.

Du coup, je me dis que puisque ce monsieur veut me voir, je suis partant. Mais c'est moi qui vais faire le déplacement. Cela lui évitera de venir en hélicoptère !

Je pense à ce monsieur. Je laisse le temps filer. Finalement, je me décide à téléphoner. C'est sa fille qui me répond. Elle explose littéralement de joie quand je lui annonce ma visite. Son père est hospitalisé à Reims. On se donne rendez-vous au pied de la cathédrale. De là, on se rendra à l'hôpital.

L'hôpital. Ça sent la souffrance. Au deuxième étage, je prends un long couloir. J'y croise des malades qui nous saluent gentiment et j'arrive devant la porte de la chambre.

Monsieur Gilbert D, allongé sur son lit, m'accueille avec un grand sourire qui dévoile sa joie très profonde. Sa fille, sa petite-fille et sa nièce sont là. Quand Gilbert se met à me parler, elles n'en reviennent pas. Je ne le sais pas encore, mais depuis pas mal de temps déjà, Gilbert se laisse glisser vers la mort. Il ne parle pratiquement plus, ne sourit plus et ne rit plus. Avec moi, il se laisse aller. Il me raconte, m'ouvre son cœur. Ce que je découvre me laisse pantois.

L'homme que j'ai devant moi est un héros de guerre. C'est une des personnes les plus médaillées de France ! Il a traversé la Seconde Guerre mondiale entre les maquis d'Auvergne et les prisons nazies. Il a fait tout ce qu'un jeune homme courageux pouvait faire, risquant sa vie et son intégrité pour que les autres puissent vivre libres, pour que ses enfants puissent rire et aimer. Sur la table de chevet, il me montre une photographie de sa femme. Elle est déjà partie rejoindre le Big Boss. Elle aussi a reçu quantité de décorations.

Au passage, il m'explique combien il est triste de voir les gens, aujourd'hui, se moquer de tout cela. Mais ce qui me fascine dans son récit, ce n'est pas seulement l'engagement de sa jeunesse, c'est la suite.

Lui, le héros reconnu par ses pairs, une fois la guerre finie, est revenu à sa vie. Sans se prévaloir de son passé, il a renoué avec son existence ordinaire, anonyme. Un petit boulot de livreur avec lequel il gagne difficilement sa vie. Pour que sa famille puisse partir en vacances, il construit, de ses mains, une caravane.

On pourrait croire qu'il avait renoncé aux fastes de l'héroïsme, mais tel qu'il me raconte les choses, je comprends que non. Au contraire, c'est pour lui un nouveau titre de gloire. Avoir survécu dans les choses simples de la vie que les hommes trouvent sans gloire, avoir construit et aimé joliment sa famille, c'était sa manière de poursuivre le combat. Ses médailles pour cela ? Ce sont ceux qui l'entourent. L'histoire peut vous oublier, elle peut s'endormir. Une famille qui se bâtit sur l'amour se transmet à jamais.

Devant une telle existence, je me sens minuscule. Ce n'est certainement pas moi le « grand homme », c'est Gilbert, et je m'incline devant lui.

En partant, je repense tout à coup à l'hélicoptère. Je croyais qu'il était riche pour pouvoir se payer un tel moyen de transport, maintenant quelque chose m'échappe. Sa fille m'explique. L'hélicoptère, cela aurait été un cadeau. À la fin de la guerre, son père était monté dans un hélicoptère en compagnie du général. Depuis, il avait toujours rêvé de recommencer l'expérience.

Au restaurant où la famille m'a invité, tout heureuse d'avoir vu le vieil homme reprendre vie en ma présence, j'observe la petite-fille de Gilbert. C'est une jolie jeune femme aux longs cheveux clairs. Quand son grand-père parle, son regard est comme hypnotisé d'amour. Pourtant, elle me dit n'aller pas très bien, vivre des angoisses. Me vient alors une idée. Pourquoi ne recueillerait-elle pas les confidences de son grand-père ? Il a tellement de choses à dire sur sa vie écoulée, ses sentiments. Pourquoi ne pas lui donner la possibilité de transmettre tous les trésors qu'il recèle ? Je suis sûr qu'il en serait ravi. Et pour elle, se mettre à l'écoute de son grand-père passerait du baume sur ses blessures et éloignerait ses angoisses.

Puis je reprends la route.

« La vie a de l'humour. » Cet homme me prenait pour un grand alors qu'il me dépassait de plusieurs têtes. Ma venue l'a fait sortir de son mutisme, mais ce qu'il m'a donné est bien plus important. Il m'a regonflé, disposé à toutes les rencontres à venir. Il est parfois dur d'aller vers les autres mais, souvent, une surprise nous attend au bout du chemin : on reçoit ce qu'on n'attendait pas et dont on avait pourtant inconsciemment besoin.

J'aimerais un jour aller aux Invalides avec Gilbert.

Longtemps j'ai côtoyé ce monument. Je passais tous les jours à côté quand je vivais dans la rue et que j'avais trouvé refuge sous le pont-passerelle du côté droit. Je passais devant l'entrée, mais jamais je n'avais osé la franchir. Je ne m'en sentais pas digne. Avec Gilbert, pour la première fois, je pourrais le faire !

Quand je lui ai fait part de mon projet, quand j'ai dit à mon « grand homme » que je l'accompagnerais, que je le suivrais en poussant sa chaise roulante, si vous aviez vu son regard !

Chaque famille ne cache-t-elle pas des héros ?

Le Bouffon de Dieu

Nous embarquons avec nos enfants, direction la Bosnie, pour une semaine de vacances. Un après-midi, comme nous nous baladons dans les rues d'une petite ville près de Mostar, un gars, de la corpulence d'un déménageur mais attifé comme un surfeur, m'interpelle : « Vous n'êtes pas Tim Guénard ? »

Surpris de croiser un Français ici qui, en plus, me connaît, j'acquiesce. On se sert la main. On a du temps devant nous, lui aussi, alors on va tous s'attabler à une terrasse. Le personnage – c'en est vraiment un ! – a la quarantaine, il émane de lui une joie de vivre qui ferait tanguer un navire amarré. On parle, on parle, mais toutes les bonnes choses ont une fin. On échange nos adresses, nos numéros de téléphone et on se sépare en se promettant de rester en contact. Dans le coup de feu, je gribouille tout sur un bout de papier qu'évidemment je perds au cours du voyage. Dommage !

Quelque temps plus tard, comme je suis de passage à Paris, un de mes amis me dit : « Tim, je veux te présenter un type extra ! »

Et tout excité, le voilà qui se lance dans une description échevelée pour conclure : « Viens, tu ne le regretteras pas. Tu n'as jamais rencontré un type comme ça ! »

Dans mon cœur, je rigole. J'ai reconnu Jean-Emmanuel.

« Allons le voir ! »

Chez lui, c'est un salon de coiffure! Sur la vitrine, il y a des prix affichés partout. Mais, quand je pousse la porte, j'ai un choc. Dedans, sur tous les murs, des représentations de la Vierge Marie, de sainte Thérèse, des photos de juifs priant au mur des Lamentations, de Jean-Paul II, et encore de Jean-Paul II en visite en Israël. Les miroirs habituels d'un salon de coiffure ont ici la forme d'une croix. Je peux dire que ça ne laisse pas indifférent.

Je pousse ma carcasse à l'intérieur. C'est plein. Des femmes de tous âges et de toutes conditions attendent patiemment leur tour. Mais de Jean-Emmanuel, pas! Une jeune femme aux longs cheveux noir ébène s'avance vers nous. Elle arbore un sourire radieux qui habille tout son être. Je viens de rencontrer Isabelle, l'épouse de Jean-Emmanuel. Elle est portugaise et… originaire de Fatima. Ce qui, lorsqu'on connaît un peu Jean-Emmanuel, ne surprend pas. Elle nous dit que son époux est en train de se restaurer au bar-restaurant d'en face.

Je traverse la rue. Il m'aperçoit et se précipite au devant de moi, les bras grands ouverts. On est heureux de se retrouver.

Je m'attable. Nous commençons à parler avec animation, oubliant le temps. Un peu trop, peut-être, parce qu'un client pointe son nez pour rappeler mon ami à son devoir. Celui-ci lui offre un café et nous retournons au salon.

Je l'observe pendant qu'il travaille et, franchement, je ne m'ennuie pas. Il faut le voir, celui qui se surnomme lui-même le « Bouffon de Dieu », avec sa carlingue de déménageur, ses vêtements de surfeur et toutes ses décorations : une grande croix, une médaille de la Vierge et un chapelet. Quand on ne le connaît pas et qu'on le croise dans la rue, immanquablement on se demande qui est cet énergumène. Et ça lui va parfaitement. Le voir, c'est rester médusé comme à la fête foraine !

Tandis que Jean-Emmanuel coiffe son client, un gars de la rue l'interpelle du trottoir. Mon ami sort pour lui donner de l'argent. Derrière, un autre se pointe. Jean-Emmanuel l'arrête et lui dit, avec l'autorité de l'amour : « Toi, je t'ai déjà donné pour cette semaine. Est-ce que tu es allé voir la personne dont je t'ai parlé pour le travail ? Bon. Alors vas-y. Après on parlera. »

Puis il revient s'occuper de son client.

Au cours de la conversation, je découvre qu'il fait du tout-terrain humanitaire dans son quartier. Il aide les personnes qui vivent dans la rue, s'occupe de celles qui sortent de prison, coiffe mais surtout écoute, avec une extraordinaire délicatesse, ces femmes, jeunes et moins jeunes, qui exercent le plus vieux métier du monde et qui viennent dans son salon trouver un peu d'humanité.

Je réalise, en regardant autour de moi, l'aura de ce grand gars qui a un rire de cathédrale. Son salon, c'est aussi bien l'Assistance publique qu'un confessionnal, un lieu de recueillement, un refuge où circulent l'amour et l'humanité. Les gens sortent de chez lui embellis de la tête et du cœur.

Dans un coin, je remarque une affichette. Jean-Emmanuel, quand il a fini de coiffer et de pomponner, organise des pèlerinages à pied dans Paris. Mais, avec sa délicatesse habituelle, il a ajouté une petite phrase : « Ceux qui ne peuvent pas venir avec nous sont invités à déposer leurs intentions de prière que nous emmènerons avec nous. »

De mère juive, Jean-Emmanuel est pour sa part chrétien. Quand il en parle, il rigole généreusement. Mais il a un rêve. Il voudrait faire un pèlerinage en Terre sainte en compagnie d'un juif et d'un musulman : les trois enfants d'Abraham marchant ensemble pour faire passer un message de paix sur la Terre promise. Il projette d'achever le voyage sur les hauteurs du mont Sinaï où lui et ses deux amis planteraient un drapeau portant l'emblème des trois religions et cette inscription : « Aimez vos ennemis. »

Jean-Emmanuel aime tout le monde et son amour est communicatif. Isabelle, sa femme, partage avec lui cette passion de la charité et leurs quatre enfants sont à l'image de leurs deux cœurs.

Quand je le quitte, mon être profond est en joie. Cette rencontre a caressé mon cœur. Elle m'a donné envie de remercier Jean-Emmanuel, sa famille et tous ceux qui osent être humains et uniques.

Que vivent les enfants !

Lorsque je suis arrivé en Lettonie, après cette histoire de passeport qui m'avait fait galérer du Danemark en Suède, le frère Elias m'attendait.

Avec des amis, il m'a conduit dans une grande et belle demeure. J'étais un peu surpris de me retrouver là. Alors frère Elias m'a rassuré. Je n'avais pas à m'inquiéter. Cette maison appartenait à l'évêché de Riga, le cardinal l'avait donnée en jouissance à des jeunes de la rue dont un Français s'occupait : Christophe-Alexandre. Un Français en Lettonie ! J'ai voulu connaître son histoire.

En 1992, alors qu'il avait la vie facile et qu'il était en pleine réussite professionnelle, Christophe-Alexandre répond à l'invitation d'un ami prêtre, un ancien camarade de Saint-Cyr. Il s'agit d'un pèlerinage en Lettonie.

S'il le fait, c'est pour honorer une amitié plus qu'autre chose. Bien que croyant, Christophe-Alexandre, livré à la tourmente de la vie, s'est éloigné de l'Église.

Ce pèlerinage va le bouleverser.

Tandis qu'il traverse les villes lettones il remarque, surpris, que partout des gamins le suivent et ne le lâchent pas d'une semelle. Au début, il se dit que les parents sont drôlement relax dans ce pays pour laisser leurs enfants vagabonder de la sorte et s'attacher aux basques d'un étranger. Mais, très vite, la triste réalité le rattrape et lui ouvre les yeux. Ces enfants qui s'accrochent désespérément à lui sont tous des orphelins !

Cette découverte le chamboule de fond en comble. Le pèlerinage a ravivé sa foi, il y voit un signe et se tourne vers le Big Boss pour lui demander : « Quelle est la vie que Tu veux pour moi ? Est-ce de m'occuper de ces orphelins ? »

Il se sent appelé. Mais les choses ne sont pas si simples. Que peut-il faire, lui, Français, en terre lettone ? Il ne parle pas la langue, il ne connaît pas le pays, ses mœurs, ses coutumes. Alors il demande que lui soit donnée une lumière pour son projet.

La réponse ne tarde pas. Elle arrive par l'intermédiaire d'une femme qui offre un cadeau à Christophe-Alexandre. L'image du Christ bénissant des enfants. Cette image ravive sa mémoire. Des paroles se mettent à résonner dans son cœur jusqu'à la dernière, qui lui ôte tous ses doutes : « Ce n'est pas vous qui m'avez choisi, c'est Moi qui vous ai choisis. »

De retour à Paris, Christophe-Alexandre démissionne de son travail. Il change de vie, du tout au tout. Il se forme auprès des Orphelins d'Auteuil avant de partir en Lettonie, bien décidé à mettre en œuvre son projet.

Là, après avoir cherché, il découvre, au milieu d'une forêt, un manoir en ruine dont la toiture est dans un triste état. Il entreprend des travaux de rénovation. Quand tout est enfin terminé, Christophe-Alexandre peut accueillir ses deux premiers orphelins : une petite Liouba de neuf ans, et un petit gars de six ans, Robert.

Dans le manoir, plusieurs chambres sont aménagées, façon relais-château. Elles serviront à financer la construction des petites isbas qui vont s'éparpiller dans le parc environnant. Il y en a quatre. Chacune porte le nom de l'arbre le plus proche : bouleau, érable, frêne, chêne. C'est ainsi que naît le village d'enfants.

Quelle inspiration de donner aux maisons des noms d'arbres bien enracinés ! N'enfoncent-ils pas profondément leurs racines dans le sol pour pouvoir grandir, se dresser, jusqu'à n'avoir plus peur de s'étirer vers la lumière du ciel ? C'est prophétique. Tous les enfants accueillis en ce lieu vont ainsi voir pousser les racines qui leur manquent, eux qui ont été abandonnés, livrés à l'indifférence, à la faim et au froid. Pour eux, ces maisons deviendront un refuge où ils trouveront le temps de cicatriser lentement. Il leur sera donné, comme aux arbres de la forêt, de pousser, de s'ouvrir à leur rythme, d'éclore et d'offrir, miette par miette, leur trésor caché.

Chaque isba accueille huit enfants avec trois éducateurs qui ne cherchent pas à savoir immédiatement leur histoire. C'est l'atmosphère de confiance qui permet à l'être blessé de s'apaiser.

La jeunesse blessée est comme l'eau du puits. Quand on jette le seau suspendu à une chaîne, on se penche pour entendre l'écho de son contact avec l'eau. Puis on remonte des profondeurs et de la nuit l'eau fraîche qui désaltère. Dans nos sociétés modernes, on n'a qu'à ouvrir le robinet. On ne sait plus ce qui fait la richesse de l'eau.

Ne pas avoir peur de se pencher sur le trou qu'est la blessure, y jeter toute notre délicatesse pour remonter des instants de vie, c'est rendre hommage à l'être caché qui a le droit de se voir à la lumière, de s'habituer à la lumière.

La jeunesse est la source, la joie d'une famille, d'un village, d'une nation. Tous les jeunes sont là pour rafraîchir les assoiffés de la vraie vie.

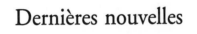

Dernières nouvelles

Peut-être aimeriez-vous, avant de refermer cet album, avoir des nouvelles de quelques-unes de ces personnes, savoir ce qu'elles sont devenues. Que sont devenus ces ferments de bonheur ? Voilà aussi ce qu'on pourrait se demander. Tous les films sentimentaux racontent la même chose : une rencontre. Ils ne changent que par le détail des péripéties. Et tous finissent au même instant, quand les deux amoureux se sont enfin retrouvés. Là, on tire le rideau. Fini. Plus rien à dire. La vie commence et s'arrête dans la même journée. Et la suite alors ? Comment vont vivre nos deux amoureux ? Ce qui suit, ce n'est pas la vie, ce n'est pas l'amour ?

Pour ne pas faire comme ces films, je vais essayer de vous donner des nouvelles de la suite.

Mareck, mon vieil ami, s'est joliment remis de son épreuve. La chienne qu'il avait amenée avec lui a de nouveau été son ange gardien. Elle lui a permis de rebondir. Grâce à elle, il a rencontré Hélène qui allait devenir son épouse, et trouvé un travail dans la sécurité qui allait le nourrir et lui permettre de fonder une famille. Depuis, il a toujours son entreprise de sécurité et vit non loin de chez nous avec Hélène et ses quatre enfants. Je suis le parrain de l'aîné qui porte le même prénom que moi ! Mais la vie de Mareck est un vrai roman. Je ne vous en dis pas plus. Je lui laisse le soin de le faire… un jour.

Arcadie, le caïd, poursuit son chemin. Il y a peu, il m'a écrit. Il m'a écouté, il n'a pas brusqué les choses. Il a transformé sa vie en douceur. Il ne s'est pas jeté sur les routes, il continue ce qu'il sait faire, du commerce, désormais en toute légalité. Il ne mène plus le grand train comme auparavant, il n'a plus le même pouvoir, mais il possède bien plus aujourd'hui : sa famille réunie autour de lui.

Dimitri est toujours en prison. Il y est pour la vie. J'ai reçu la photo qu'un maton avait prise de nous deux dans sa cellule. Elle trône sur ma table, comme un rappel incessant. Un jour, je retournerai le voir.

Don Mario doit toujours se trouver là où je l'ai croisé. J'attends avec impatience de belles nouvelles de son fils, l'invitation à son mariage.

Cheyenne a épousé Marie-Françoise. Ils ont deux jolies filles. Ils ont rejoint une association qui accueille les sortants de prison sur une péniche, sur la Seine. Puis, Jean-Jacques a attrapé le virus d'accompagner les jeunes en mal de vivre. Il est alors rentré chez les Orphelins d'Auteuil comme éducateur, directeur d'un lieu de vie. Il a fait du bon boulot. Et puis il a décidé de créer son propre lieu de vie à Chichey, près de Saumur. Dans sa maison de campagne, il se démène comme un titan pour donner le goût de la vie à des jeunes blessés. Sa femme l'aide avec des éducateurs. Il m'a demandé d'être le parrain de son lieu de vie, j'ai dit oui de tout cœur. Aujourd'hui, sa cave est pleine de bonnes bouteilles qu'il offre à ses invités sans en boire une goutte. L'histoire de Jean-Jacques prouve qu'un braqueur de banque peut devenir un braqueur de beau.

Saïd, c'est une histoire toute récente. Il s'inquiétait de son avenir. Il se demandait s'il allait être placé en famille d'accueil. Et comment serait celle-ci. Lui qui est moitié français moitié arabe a l'impression de n'avoir sa place nulle part. Il a au moins une place dans mon cœur et je prie pour qu'il rencontre de belles personnes sur son chemin qui sauront lui rendre la terre habitable.

Alban et Gilles, les cousins de Martine, sont venus vivre à Lourdes, avec leur maman, une femme merveilleuse, toute dévouée à ses fils. Aujourd'hui, Gilles est parti rejoindre son père. À sa mort, Alban a gagné en paix. Souvent, ceux qui restent reçoivent des grâces, des talents de ceux qui sont partis. Ils représentent un exemple fort de famille unie autour de la maladie. Une famille où terre et ciel se rejoignent. Alban, Gilles, tante Lili et oncle Arnaud font partie des jardiniers du beau.

Marie-Joëlle est retournée à l'école. Elle a commencé à écrire un livre, a appris à jouer de la guitare et compose des chansons. Et la joie s'insinue partout où elle passe.

Macha, maintenant, vient aider Martine à Lourdes plusieurs fois dans l'année et continue à jouer au basket. On lui a même demandé de prendre en main une équipe. Elle s'occupe aussi du Défistival avec son ami et entraîneur Ryadh qui réunit des personnes ayant un handicap, quel qu'il soit, et des personnes valides. Ainsi qu'aime à le dire Ryadh : « Vous arrivez avec vos diffé-

rences, vous repartez avec vos ressemblances. »
Macha fait partie de l'organisation. Ryadh est
responsable du défilé. Il est un révélateur pour les
autres. Il les pousse vers le beau et vers le mieux.
Il est un vrai ami dans le sens profond du terme
pour Macha.

Mikolas, le petit orphelin, s'est enfui quelques jours après mon passage à l'orphelinat.
Comme moi quand j'étais dans sa situation, il a
dû se jurer qu'aucun mur d'orphelinat ou de
maison de correction ne le retiendrait. Il a été
repris. Et vous savez quoi ? Cette fois, il s'est
remis à l'école. Et quoi encore ? Je l'attends pour
bientôt. Dès qu'il le pourra, il souhaite venir
passer un mois de vacances à la maison.

Arvidass, le « Bâtisseur », continue son œuvre.
Mais depuis notre première rencontre il est venu
me rendre visite avec le frère Elias et d'autres
jeunes. Toujours aussi joyeux et actif, mais avec
un élan « mystique » que je ne lui avais pas
connu. Il fallait voir son émotion, à Lourdes,
devant le rocher de Massabielle, et à Châteauneuf-de-Galaure, dans la chambre de la petite
Marthe. Il n'arrivait pas s'en extraire. Même
partis pour le grand voyage, la présence des arti-
sans du beau se dégage encore et entoure ceux
qui osent les visiter ! Quand nous nous sommes

quittés, le regard du Bâtisseur était beau comme un lac calme dans lequel le soleil se couche.

Manon, la jeune fille du Canada, a passé son diplôme d'assistante sociale. Elle va pouvoir mettre son expérience de la détresse, mais aussi du pardon et de l'amour, au service de ceux qui en ont besoin, leur transmettre un message d'espérance.

Yannick, son frère, a changé de vie. Il a repris un cycle d'étude dans la maintenance bureautique, parce qu'il pense qu'un tel travail est utile pour la société. Il envisage de devenir enseignant.

Les tsiganes de Lettonie commencent à être reconnus dans leur pays. Leur audience grandit et leur message est entendu par de plus en plus de monde. Ils ont même enregistré un CD qu'ils m'ont envoyé et que j'aime écouter. Ils ont aussi créé un lieu d'accueil au milieu de leur communauté tsigane pour recevoir ceux qui sont en détresse et cheminer avec eux.

Il y a quelques mois, Matiss est venu à la maison. Je l'ai senti pacifié et ambitieux d'un nouvel avenir. Il veut refaire sa vie. Il a décidé de terminer ses études, de pratiquer sa foi et de trouver un moyen pour aider ses frères, les faire sortir de cette culture de désespoir qui les broie. Il habite toujours à Karosta, avec sa courageuse mère.

Monsieur Delescot, à ma grande joie, a entrepris de raconter sa vie à sa petite-fille. Peut-être, un jour, d'autres pourront la lire et en tirer des leçons.

Pour Christophe-Alexandre, que de chemin parcouru depuis 1993 ! Plusieurs lieux d'accueil, beaucoup de formations différentes, d'apprentissages et, déjà, des jeunes devenus adultes qui ont pris leur envol. Une ferme est remise en état, des pommiers plantés pour faire du cidre letton à la méthode française. Il a le projet d'ouvrir un nouveau lieu pour accueillir des enfants handicapés moteurs et mentaux. Tant de choses à faire. Mais il y a de multiples façons de l'aider : en donnant du temps, du matériel ou tout simplement de l'amour. Merci à ceux qui, aujourd'hui, osent et, demain, oseront cette belle aventure.

La vie est comme un magasin d'habillement. Quand on est riche et bien portant, on y vient, on choisit, on renouvelle sa garde-robe. Lorsqu'on est pauvre on n'y rentre pas. On aimerait bien, seulement ce n'est pas possible. On n'a pas assez d'argent, on n'est pas présentable. Alors on reste dehors avec toujours les mêmes vêtements. On regarde à travers la vitrine ce qu'on ne pourra jamais avoir.

Avec le temps, les rares habits que l'on a deviennent sales, lourds de crasse. Du coup, on n'ose plus sortir, on n'ose plus se montrer, mais surtout, on n'a plus rien pour se faire beau et aller au devant des autres.

Toutes nos souffrances, ce sont ces vieux vête-ments qui nous collent à la peau et nous empê-chent de nous renouveler. On reste chez soi, engoncé dans ce vieux costume qui nous pèse sur les épaules.

Il suffit de peu, pourtant. Un geste, un joli regard, une belle intonation, pour nous permet-tre d'oser essayer de nouveaux habits. Une écoute, un « T'es gentil, toi ! » et on se sent revivre.

Table

Pour en savoir plus
sur les Presses de la Renaissance
(catalogue complet, auteurs, titres,
extraits de livres, revues de presse,
débats, conférences…),
vous pouvez consulter notre site Internet :

www.presses-renaissance.fr

Composé par Nord Compo
à Villeneuve-d'Ascq

Achevé d'imprimer sur les presses de

BUSSIÈRE

GROUPE CPI

à Saint-Amand-Montrond (Cher)
en septembre 2005

N° d'édition : 169. — N° d'impression : 053475/1.
Dépôt légal : septembre 2005.

Imprimé en France